零砖碎史

湖州市文物考古研究所藏砖集萃

陈　云
胡红霞　编著

西泠印社出版社

凡　例

1. 本书以介绍墓砖为主，同时将砖质墓志、建筑地面砖纳入研究范围。

2. 本书标本对象按文字纪年、图案纹饰的顺序，兼顾时代顺序编排。

3. 每砖按编号、砖铭、时代、出土地点（来源）、尺寸、简介等顺序进行介绍。

4. 砖铭包括纪年文字或纹饰图像，简介针对该砖铭作简单考证。本书对大部分仅有纹饰的砖铭不作考证，仅作材料介绍，具体留待学者深入研究。

5. 不识字且字数不明用“……”代替；不识字但字数明确以“□”代替；推测字用“（）”标注；各面文字纹饰用“/”分隔；出土地点及公元纪年存疑处用“？”表示。

目录

第一部分

湖州古砖概述

湖州古砖概述

陈云　胡红霞　胡斐

一、古砖收藏的历史

古砖收藏，是金石学里极不起眼的一条分支。《大戴礼记·劝学》："故天子藏珠玉，诸侯藏金石，大夫畜犬马，百姓藏布帛。"[1]金石学可以说是考古学的前身，在没有现代意义上的考古学之前，通过收藏古器物，研究古器物来探究古代文化历史，即金石学。金者，青铜吉金之属；石者，碑碣砖瓦之类。金石学的正式著录研究可溯至北宋，但在此之前也有不少人把玩，记载金石。如《水经注·浙江水篇》："琵琶圻有古墓，半在水中，甓有隐起字云……谢灵运取甓至京师，诸贵传观之。"[2]此处甓即古砖，因砖字起源甚晚，当在南朝之后，古人以"甓、壁、塼、專、甎、瓻"来指代现在我们所用的"砖"字。北宋真正意义上开始了金石学的研究，这一时期著作颇多，如刘敞《先秦古器记》、欧阳修《集古录》、吕大临《考古图》、王黼《宣和博古图录》、李清照与赵明诚《金石录》等，其中《金石录》里已有古砖的收藏记载，如《汉阳朔砖字》。待至南宋，洪适《隶释》就有多条古砖记载了，如"尉府壶壁阳朔四年正朔始造""永平八年七月廿日作""建初三年八月廿日汝伯宁□万岁舍大利善舆曹叔文""建初七年八月十三日曹叔文作千万岁署舍命史后子孙贵昌□□未央大吉""元和三年五月甲戌朔谢君□造此墓""永初元年景师造""大吉羊宜侯王""永初七年作官甓"等古砖文。

二、古砖的分期分类

目前发现的最早的古砖是2009—2010年陕西蓝田新街遗址所出距今五千年的仰韶文化晚期烧结残砖五块，未曾烧过的土坯砖一块。[3]而镌刻铭文的可追溯到1987年山东省邹城文物管理处征集的战国时期邾国墓葬用砖。[4]同年，陕西临潼也发现一座战国古墓，出土字砖一批。这些砖已具备简约墓志的作用，但存量极少，说明当时尚未普及使用。真正广泛使用砖铭，则为秦大一统时期，陕西秦陵兵马俑与陵园外围即出土较多带有印戳文字的古砖。秦时古砖质地细密，麻布纹极为密集规整，号为"铅砖"。继秦之后，汉代铭文砖与画像砖已蔚为大观。汉之后，三国、两晋、南北朝皆流行使用砖铭或砖画，这与其时的国家禁碑令有关，又与古砖烧制工艺的不断进步息息相关。隋、唐之时，随着国力愈发强盛，禁碑令废除，墓志铭大行其道，砖铭基本退出历史舞台，墓室多用素砖。宋、元、明、清时期也多用素砖，但偶有砖雕形式，这是烧制后雕刻，与之前模印完全不同了。

古砖在表现内容上可分为文字砖与画像砖。文字砖又细分为年号、吉语、记事、箴言、符号等门类；画像砖则包含广泛，上至神仙天界，中至人世间各类场景，下至地狱黄泉、亡后世界。在制作形式上分为模印、湿刻、直接书写三类。古砖形制上又分为实

[1] 许嘉璐主编，方向东译注：《大戴礼记·劝学第六十四》，南京：江苏人民出版社，2019，第227页。
[2] 施蛰存：《水经注碑录》，天津：天津古籍出版社，1987，第429页。
[3] 陕西省考古研究院：《蓝田新街——新石器时代遗址发掘报告》，北京：文物出版社，2020，第581页。
[4] 宫长为、朱明歧：《字砖研究·第一辑》，上海：生活·读书·新知三联书店，2016，第18页。

心砖、空心砖、异形砖，其外观大多为长方形，而随着墓室规格与形态的复杂化，如券顶、穹隆顶、船型等形式的墓室的出现，方形砖、刀形砖（一侧薄一侧厚）、扇形砖、榫卯砖、梯形砖、不规则形砖都有使用。

三、湖州古砖藏家及著作简介

浙江为汉至南朝古砖的重地，也是全国所出古砖品类最为丰富的省份。其中尤以浙北的湖州，浙东的绍兴、上虞、余姚、慈溪，浙南的台州出砖最多，研究收藏最为丰富。这些古砖砖铭或典雅，或古拙，或装饰求变；画像则或精美异常，或简约可爱……可以说是一代代的工匠与文士寓情于物、肆意挥洒方寸之间的艺术珍品。对于好砖之士，无疑极具吸引力。清代乾嘉以后，以杭嘉湖为中心的江浙地区，逐渐形成了古砖鉴藏风气。据统计，湖州又为历来收藏研究古砖最为繁盛之地。

湖州“苕上七子”之一的凌霞在陆心源《千甓亭古砖图释》序言中就提到：逮国朝以来，嗜者既多，搜讨渐博。尝见褚千峰所辑《古砖录》，其中颇有异品，然未梓行。厥后纂辑为书者，则有张氏燕昌《三吴古砖录》；冯氏登府、释达受各有《浙江砖录》；周氏中孚有《杭嘉湖道古砖目》；徐氏熊飞有《古砖所见录》；陈氏宗彝有《古砖文录》；丁氏芮模有《汉晋砖文考略》；陈氏璜有《泽古堂古砖录》；王氏献吕有《宝鼎精舍古砖录》；钮氏重熙有《百陶楼墼文集录》；吴氏廷康有《慕陶轩古砖图录》；严氏福基有《严氏古砖存》；吕氏佺孙有《百砖考》；纪氏大复有《古砖品》；宋氏经畬有《瓴甋录》；近时陆氏增祥有《皕砖砚斋砖录》，皆是也。[5]

据不完全统计，湖州地区有古砖鉴藏者19人，著述15种，其中佚者6种、存者8种、存目1种。古砖鉴藏家如蔡芳逸、徐熊飞、徐爱山、张鉴、周中孚、陈经、丁芮模、王獻、钮重熙、潘周尊、章绶衔、杨岘、俞樾、陆心源、吴昌硕、王承田、王修、谭律永等。著述如徐熊飞《古砖所见录》，张鉴《古甓记》，周中孚《杭嘉湖道古砖目》，陈经《求古精舍金石图》，丁芮模《汉晋砖文考略》，王獻《宝鼎精舍古砖录》，钮重熙《百陶楼甓文集录》，陆心源《千甓亭砖录》《续录》《千甓亭古砖图释》，王承田《邢楼砖刻纪念册》，王修《汉安甋廎砖录》等。

其实算上旅居湖州或有收藏湖州古砖的藏家、著作那就更多了。如海宁僧达受，又称六舟和尚，曾任湖州获港演教寺住持，在湖州留下了诸多访砖的足迹。六舟与阮元、张廷济、杨岘、钱松等人交往甚密，在金石圈的威望和影响甚大，被阮元目为“金石僧”，其“生平所见古砖不下三千种，所藏亦数百种”，[6]可见所藏之丰。桐城吴廷康，官安吉代理知县，著有《慕陶轩古砖录》四卷，嗜砖尤笃，其以书法闻名，书法中多借鉴古砖文。罗振玉曾拜访晚年的吴廷康，时吴廷康年八十余，长髯修干，精神强

[5] 陆心源：《千甓亭古砖图释》，杭州：浙江古籍出版社，2011，第2—3页。

[6] 桑椹：《历代金石考古要籍序跋集录》，杭州：浙江古籍出版社，2010，第1065—1066页。

健，并在杭州见吴氏藏砖百余列肆求售。[7]绍兴吴隐，西泠印社创始人之一，著作《遯盦古砖存》，煌煌巨著，内收藏古砖皆为湖州所购，并由其夫人亲拓，吴隐题跋，得以传世。[8]又如严福基《严氏古砖存》[9]、孙桂山《孙氏青芙容馆藏专》[10]等名家所藏古砖，大多皆为湖州所出，湖州地区的古砖鉴藏风气影响之广，由此可见一斑。

四、湖州古砖的特色

湖州铭文、画像古砖年代跨度为东汉早期至南朝，如湖州施家桥发现东汉建初时期年号砖。东汉到东晋铭文、画像砖极多，进入南朝，则急剧减少。整个浙江考古所见，铭文年号也仅早至东汉永平初期，西汉古墓虽有砖室，但尚无铭文。陆心源《千甓亭古砖图释》记载西汉年号古砖皆是伪品或年号误判（如东晋建武误判为东汉建武，东吴甘露误判为西汉甘露、西晋元康误判为西汉元康等），《印学研究》第十二辑胡斐所作《千甓亭同范砖汇集与陆著西汉砖辨伪》有所阐述。[11]

古砖烧造因泥土选用不同及火候、窨水的缘故，会使成品外皮色泽、砖质坚硬度、内胎色泽各有差异。如浙江台州砖多绞胎、红胎、白胎，砖质极为细腻坚硬，这与当地土壤及烧造技术有关；而湖州古砖色泽多为青砖，内胎多青褐色，质地细腻、硬度适中，总体上文字多于画像，其中缪篆、万岁不败、不识文字为独有特征。砖中多见大家族聚集信息及北人南迁的历史痕迹。

1. 大气规矩的缪篆书风

湖州东部西山、乔木山所出“宜仙寿贵”数种，湖州城区所出“长寿贵”“长寿乐”“长寿安乐”“常虞欢”“不开发”“寿毕金石”“寿万世”“载积”“鼎长乐”“富贵昌宜侯王初平三年”“建安三年”“承寿乐”“永汉元年”“长寿富贵”“长寿万岁”“万岁崇高”“丹阳故鄣□君宜官”“蜀郡作牢君宜官”等，都是极具美感的缪篆书。所谓缪篆，是汉代摹制印章用的一种篆书体。汉王莽时期所定六书（古文、奇字、小篆、佐书、缪篆、鸟虫）之一。东汉许慎《说文解字・叙》记新莽六书称：“五曰缪篆，所以摹印也。”其形体平方匀整，饶有隶意，而笔势由小篆的圆匀婉转演变为屈曲缠绕。具绸缪之义，故名。清代桂馥《缪篆分韵》则将汉魏印采用的多体篆文统称为“缪篆”，亦称“摹印篆”。这种书风的砖文仅湖州大量出现，加之大量湖州所出的未识古文、鸟虫篆、小篆，可以说，王莽时期流行的六书系统，唯独湖州古砖文完整保留，价值极大。

2. 独有的万岁不败砖

清代严福基《严氏古砖存》、陈经《求古精舍金石图》都有万岁砖收藏记录。冯登府《浙江砖录》更是将万岁砖作为“石经阁八砖之一”。陆心源《千甓亭古砖图释》收录有：万岁不败/范氏/范/万岁、万岁不败/元康八年六月孤子宣所作、建兴三年太岁在乙亥孙氏造/传世富贵/万岁不败等，计有“万岁不败”50余件，上起东汉永和元年（136），下至东晋太元十年（385），以东吴时期最多。在编著《千甓亭古砖图释》时，因万岁与花纹砖极多，故陆心源致信凌霞，与之商讨“其余万岁、花纹两种请削其十之七八”。吴隐《遯盦古砖存》也记载有万岁不败吉/天纪元年、万岁不败/太平时、

[7] 罗振玉：《雪堂类稿甲・笔记汇刊》，沈阳：辽宁教育出版社，2003，第387页。

[8] 吴隐：《遯盦古砖存》稿本，西泠印社拍卖有限公司2014年秋季拍卖会。

[9] 严福基：《严氏古砖存》刻本，上海图书馆古籍室长-255177。

[10] 孙桂山：《孙氏青芙容馆藏专》稿本，上海图书馆古籍室普491364-67。

[11] 胡斐：《千甓亭同范砖汇辑与陆著西汉砖辨伪》，转引自吕金成《印学研究》第十二辑，北京：文物出版社，2018，第123页。

万岁不败/晋太康三年等。

万岁不败品种存世近千种，其出土地以现浙江湖州吴兴为中心，所出最多。辐射周边长兴、德清、安吉、南浔，虽略少于吴兴，但仍有较多发现。湖州以外，则极少发现，仅上虞所出一例万岁不败/万岁；江西同墓所出两砖，一为万岁，一为不败；台州所出清道光十一年/万岁不败。为何囿于湖州一地出万岁不败？且品种如此繁多，使用如此广泛？

清赵允怀《小松石斋诗集》卷五有“万岁不败砖歌”，以己藏比对陈经《求古精舍金石图》旧藏“晋太康万岁不败”，洋洋洒洒赋以长诗，略有可征，其中有“空辨永藏还不败，我今独爱篆文佳，无法有法甚奇怪，或言篆本陶人为，则其物古更可知，百工贱技尽能是，俗书尚未行之时……”万岁不败书体多为篆书（或鸟虫、或悬针、或小篆），极少量隶书，又多变体，故古人多不识，不败误作永藏者有之，年代上，人们普遍以为篆书古拙而砖必更古。目前有明确最早万岁不败纪年款的，一为鸟虫篆“万不败宜子孙”，出自和孚镇长超山区域，同出“永元十五年（八月十日壬申）”[12]，即公元103年；另一出自吴兴，鸟虫篆“万岁不败/元初六年（下残）”，即公元119年。

万岁不败书体师法自然，变化多端，如字体上部常以鹿角、羊角、飞鸟、鸟虫、人之眉眼、蝴蝶触须、祥云、半圆、方框等装饰，“万”字中间部位“田”字部常以田、目、圭设计，可以说近千种不同版本的万岁不败中，设计涵盖了古人生活、想象中的方方面面。同时，变体的出现，也迥异于湖州之外地域的铭文砖，这些似字似画、诡异难辨的书体，具有图文结合、简笔、增笔、缺笔、笔顺调节等特征，千变万化。究其原因，或与湖州故地为吴越文化、楚文化、中原文化交杂之地，汉字与吴越图腾、楚人巫鬼共同影响着湖州先民的思维有关。丰富的变化，足以让书法、篆刻从中汲取营养，丰富、滋养艺术语言。

3. 鸟虫篆、不识文字

汉文化具有统一性，但各地区又有不同的特色。譬如古砖，在大一统的汉文化辐射影响下，几乎全国各地都有大量古砖出土，但经过采集对比发现，各地古砖无论砖质、砖饰还是砖形，都有极大的不同。

汉代的湖州先民尚顽强地根植于传统吴越文化之中，同时吸取融合着中原文明。远溯良渚时期，先民刻划陶文，也许就是汉字的源头。及至泰伯奔吴，授以周礼，吴文化接受了周文化的影响，《泰伯墓碑记》载：“数年之间，人民殷富，教化大治，东南礼乐实始基焉。”越国注重本土文化，春秋时代，孔子见勾践，述帝王之道，而越人以异俗辞谢。越王不善雅音而好野音；越人重图腾信仰，好鸟形、蛇种；文身断发，认为“以入水，蛟龙不害也”；越王“鸟喙”，越人“鸟语”“鸟书”。而《越绝书》载“吴越为邻，同俗并土”“吴越二邦，同气共俗”；《吴越春秋·夫差内传》云“且吴与越，同音共律，上合星宿，下共一理”；《吕氏春秋·知化》亦云“夫吴之与越也，接土邻境，壤交通属，习俗同，言语通”。因此，吴越文化无论主动、被动，都已裹挟、糅合着中原文明与自身文化不断发展。至秦、汉大一统时期，虽吴越王国两地域王权国家早灭，然其文化未亡。百越繁荣不息，秦征百越，《越绝书》：“乌程、余杭、

[12] 参考本书第 0002 号古砖。

黝、歙、无湖、石城县以南，皆故大越徙民也。秦始皇帝刻石徙之。”《史记·秦始皇本纪》：“（王翦）降越君，置会稽郡。”汉武徙越，《汉书·武帝纪》：“（元狩）四年（前119）冬，有司言关东贫民徙陇西、北地、西河、上郡、会稽凡七十二万五千口。”都一定程度上使越人与汉人交合，使得中原文明与当时的吴越文明更加深入融合。虽越人受几番打击，多隐匿山间，以成山越。

山越或山民的出现，尤其在三国初期，成为孙吴政权的一大威胁。《后汉书·孝灵帝纪》云：“（建宁二年）丹阳山越贼围太守陈夤，夤击破之。”山越基本上是依阻山险而居的越人，其中又杂居大量汉人，《三国志·吴书》云：“其幽邃民人，未尝入城邑……逋亡宿恶，咸共逃窜。”诚如吕思勉先生所说，时逢乱世，平民依阻山谷，与越人杂处，所居者虽越地而其人多华夏，所以三国时的山越，“名为越而实非越”也。

《孙策传》有“丹杨、宣城、泾、陵阳、始安、黟、歙诸险县大帅祖郎、焦已及吴郡乌程（今吴兴地区）严白虎等”；《三国志·朱治传》称严白虎为“山贼”，可知他们都是山越。

严白虎（生卒年不详），东汉末年盘踞吴郡一带的地方豪帅，原名“严虎”，别号“白虎”，吴郡乌程（今浙江湖州）人，山贼出身。献帝初拥兵万人自固。孙策受袁术使渡江，攻破白虎等。白虎奔余杭，投靠许昭。建安二年（197），复为孙策所破。据《古今图书集成》记载，其乱地大约在长兴南方50里的石城山。《三国志·吴书·孙破虏讨逆传第一》裴松之注：“于时强宗骁帅，祖郎、严虎之徒，禽灭已尽，所余山越，盖何足虑。”

《三国志·孙皓传》有永安（旧吴兴郡县属）山贼施但，“宝鼎元年……冬十月，永安山贼施但等聚众数千人，劫皓庶弟永安侯谦出乌程，取孙和陵上鼓吹曲盖。比至建业，众万余人。丁固、诸葛靓逆之于牛屯，大战，但等败走。获谦，谦自杀”。

又《三国志·凌统传》有余杭（旧属吴兴）山越。《三国志·朱治传》有故鄣（今湖州安吉）山越。

可以说，从汉末直到东晋永嘉南渡，大量南渡后的士族文化特质改变了吴越文化的审美取向，注入了最强劲的一针中原文化要素，才逐渐使山越问题从本质上得到解决。虽然直到南朝末年，甚至隋初史籍中仍有关于山越的零星记载，但绝大部分山越此时早已同汉人完全融合。

以上史实可见，中原文化与吴越文化一直交融影响。这实际上也是今吴越地区，如吴兴、安吉、绍兴诸地古砖多鸟虫篆文、鱼纹、水波纹、网格纹、鱼篓纹等，尤其是湖州（旧吴兴郡）、安吉（旧故鄣郡）地区，多看似文字，实又难辨不识的字砖出现的原因。而类似文字不识现象只集中出现在吴越地区，狭义地讲，只盛行于今湖州地区，出现诸多文字变体、图文装饰并行的特殊文字风格，如鸟虫篆、半图半文书……实际这种特殊风格文字一直贯穿良渚直至晋末的时代中，一直流行于砖文盛行的年代（汉至晋末）。

检索陆心源《千甓亭古砖图释》[13]一书，不识文字砖近20种，如：卷一第7页五凤三年砖；第18、19页汉永元、永初砖；卷七第14、15、16页三块西晋元康九年砖；卷十第13页西晋建兴二年砖；卷十三第7页东晋永和三年砖；卷十四第17页东晋太元砖；卷

[13] 陆心源：《千甓亭古砖图释》，杭州：浙江古籍出版社，2011。

十六第11页；卷二十第11—18页等。近年随着城市基本建设的发展，湖州区域古砖迭出，不识文字时有出现，如今埭溪、杨家埠、安吉（故鄣旧地）一带。这些不识文，初看是汉字无疑，却无处可读，且有些文字可能属于图文结合，简笔、缺笔、增笔，千变万化，仅以吴兴“特产”万岁不败砖来看，变化千奇百怪，有上千品种。如不是大多以固定词句出现，单独辨读，不知要让多少专家为难了。

这些不识字砖，既富有装饰性，又明显具有汉字的正统笔意，大多遵循着融入汉文字正统与吴越图腾装饰的特征。百越、山越杂糅汉文明与当地文明，故而诞生如此众多奇特未识文字。由此可见，我们的祖先很早就懂得了博采众美，因情生文、因文见情，将主观情感和客观物象融为一体，使汉字从诞生之初，就被注入了美。我们也将不断欣赏、解读这些奇异的古砖不识文字。

4. 从古砖中看湖州本地大族与北人南迁

湖州一地，古有良渚灿烂之文明。待至吴越争霸，城池纷立。强楚吞并，春申君兴菰城。至秦，乌程县繁华肇始，项羽子城固若金汤，皆延绵两千余年。两汉之际，吴兴豪强并出，故鄣郡（郡治今湖州安吉）、会稽郡（郡治始设苏州，后入绍兴，乌程一直为其下强县）治下经济繁盛。待至东吴、两晋、南朝，三吴之地豪强莫与伦比，吴兴郡一地尤出武力强宗、门阀大户，江东之豪莫强“周、沈”，而“周、沈”皆为吴兴大族。搜索史籍资料，吴兴钱、姚、丘姓都为豪强。清末至今，金石学兴盛，古砖迭出，湖州又为古砖所出极盛之地，周、沈、钱、姚、丘姓古砖所出多且集中，又吴、陆、俞、管、莫、陈、邹古姓氏砖累出。结合文献与实物，我们便可以大致勾勒出六朝时期湖州大族这一历史文化现象。古砖，既可证史，用无可争辩的实物证明史书的正确记载；又可补史，将历史未曾记载的诸如家族聚集地、家族成员谱系、历任官职、社会角色、家族盛衰转变脉络等一一展现。

如湖州杨家埠红山岗五子墩发现的丘姓家族墓，出土的丘混墓砖就极有价值。其砖文字多种多样，分别为：隶书“晋升平五年岁在辛酉六月丙寅朔廿五日庚寅卒”20字；楷书反文“晋故尚书郎丘混之墓”9字，隶书“晋故尚书郎丘混之墓”9字；隶书“晋故尚书郎吴兴乌程西乡千秋里丘混年卅七字元成之墓”24字；隶书“晋升平五年岁在辛酉六月丙寅朔廿五日庚寅尚书郎丘混卒”25字[14]。这不但在史料上给我们补充了一个人物，在中国书法艺术史上也使我们更加确定，为“晋有楷书”提供了新的物证。从地望上，也可探索丘姓族群聚居地及家族营葬地。还有德清俞氏一族，清末至今所出古砖前后有几十种，让我们了解到俞氏在德清的千年根脉，近代俞鸿渐、俞樾、俞陛云、俞平伯亦渊源有自，实名门望族之后。还有德清姚氏，吴兴吴氏、邹氏、胡氏，皆能从古砖中了解他们始自六朝时代的风云变幻、门阀大族的征伐转变。这让我们通过门阀家族的演变，了解江南吴越地区民风经历了从“轻悍”“好勇”到“崇文敦儒”“怯弱巧智”的变化过程。

关于华夏人口迁徙流动的历史，尤其东汉末中原动乱、西晋末永嘉之乱，北人大批迁居湖州，在湖州古砖中常有影踪。如《千甓亭古砖图释》卷三“宝鼎二年七月卅日临淮裴雁造/作壁大吉祥”“凤皇二年八月三日东莱孟陈/郑遵所造/富贵阳遂/北

[14] 邱鸿炘：《记丘混墓砖铭的发现》，转引自《文物之邦显辉煌——考古发掘与文物保护纪实》，杭州：浙江人民出版社，2000，第289页。

海”；卷五“太康六年八月陈郡殷氏”“太康七年岁在丙……广陵尚□□曹”“太康八年临安凌弼制万年/万岁不败/八月十日”“太康九年八月十日汝南细阳/黄训字伯安墓”；卷六“元康元年八月十日东莱曲综鲁練墓”“元康五年癸丑谢氏作/姓侯吴郡加兴人”；卷十三“建元二年八月苍梧广信令罗”；卷十四“晋升平四年岁/陈郡长平县”“泰和六年岁辛未/陈郡长平县殷氏”；卷十五“青州乐安郡萧氏建”“琅邪阳都诸葛始丰君之墓”；卷十六“临淮徐闻先公”。除却陆心源收藏，现今考古也时常能见到这类古砖。

五、湖州市文物考古研究所收藏古砖述略

湖州市文物考古研究所历年考古发掘清理累计收藏古砖近三千一百块（少量宋砖未统计），二三百品种，既有模印砖，也有少量湿刻砖与墨笔直接上书的砖铭。纹饰涵盖钱币纹、鬼脸、鱼纹、马匹、网格纹、柿蒂纹、线性几何纹、菱形、麦穗纹、乳丁纹、叶脉纹、窗棂纹、人物、龙虎纹、朱雀纹、轮纹、梳纹、箭头纹、波浪纹、方胜纹、佛像、玉兔捣药、兽面纹等。文字类古砖占多数，早至东汉东吴，晚至明墓志砖、清官式建筑专用“金砖”，都有收集。

其中在一些规模较大的墓葬群中收集的古砖很有研究价值，如杨家埠丘氏墓群，除了丘混墓，准确标识了乌程西乡千秋里地望，还有丘氏官职、字号，年代，书体。“永嘉二年八月九日就作壁”（同出“太守章”“念有悲劳如何”等）砖，也为魏晋思想史的研究提供了一些素材。

又如施家桥上濠里古墓群，不仅砖室墓形制类型齐全，且所出铭文砖极为丰富：“元康元年八月造圹/壁师吴兴”“兽面纹、青龙白虎/元年月作”“永宁元年七月甲申朔廿日作”“万刘己富己贵”“万岁不败/饕餮”“太兴六包俞”“永康元年八月十一日张/俞菰下人”，以及附近曾出的“永嘉元年八月十日立功/吴兴乌程俞道兄弟/俞道初/治作之”等，对于下菰城古城中心及周边人口分布迁徙、造砖公私营问题都有所启示。

又如湖东乔木山所出“富且昌爵禄臻/嗣长殷”“万岁不败/永秘传”；湖东乌山所出“长寿富贵/常乐”“长寿万岁/常乐”；和孚长超山所出“天纪元年八月卅日/乌程吴/万岁”[15]等砖砖铭，从书法篆刻角度，能汲取较多的艺术启迪。

六、余论

湖州可以说是历史上古砖出土最多、研究收藏最广的地方，但长期以来，古砖的收集与研究并不广为人重视，很多砖铭画像未能采集并记录，相关学术研究也少有人探索。本次湖州市文物考古研究所将已有的所藏古砖作初步的整理与公布，可以说是首次的尝试，也期望文博同行等社会各界人士能给予批评与指导。同时，我们也意识到，小小的古砖，收集研究得多了，视角开阔了，也能做出不少学术上的贡献。今后或有机会将公、私，发掘、收藏的湖州古砖，以整个墓地、具体墓葬为单位进行统计整理，以全面探索书体文字、纹饰图像的发展演变，一窥湖州先民的精神世界。道在瓦甓，则真正砖路昌远了。

[15] 湖州市博物馆：《湖州长超山发现孙吴时期纪年墓》，转引自《东方博物》第三十七辑，杭州：浙江大学出版社，2010，第91页。

第二部分

湖州市文物考古研究所藏砖

0001

砖　　文：元凤元年二月癸卯朔日造 / 吉羊宜子孙
时　　代：汉代
出土地点：吴兴区
尺　　寸：长 37 厘米，宽 18 厘米，厚 5.2 厘米
简　　介：本砖大面蕉叶纹、轮纹，似以东汉万岁不败砖改刻。本砖著录于《千甓亭古砖图释》卷一，陆心源考释：“《通鉴目录》元凤元年二月癸酉朔，与砖合。”或认为：《汉书》卷七《昭帝纪》是年秋八月“改始元为元凤”，故二月份，只能以“始元七年二月”出现，不会出现“元凤元年二月癸卯朔”。（胡斐：《千甓亭同范砖汇辑与陆著西汉砖辨伪》，转引自吕金成《印学研究》第十二辑，北京：文物出版社，2018，第 123 页。）

砖　　文：永元十五年（八月十日壬申）
时　　代：东汉
出土地点：和孚镇
尺　　寸：残长 19 厘米，残宽 13 厘米，厚 6 厘米
简　　介：鸟虫篆中的虫篆书，同出“万不败宜子孙”，为最早的万（岁）不败同出纪年砖，同时也是湖州地区较早的汉砖年号。

0003

纹　　饰：虫书钱币纹
时　　代：东汉
出土地点：和孚镇
尺　　寸：残长 22 厘米，宽 17 厘米，厚 4 厘米
简　　介：本砖作虫书，也有研究者认为是道符的雏形，有“（大泉）五十”钱币纹两个，大泉五十为新莽时期发行币种。本砖与虫书永元十五年（0002 号）同采集于和孚镇，当为稍晚于新莽时代的东汉早期，文字难以识读。

0004

砖　　文：长寿贵 / 安乐
时　　代：东汉
出土地点：吴兴区
尺　　寸：长 35.5 厘米，宽 15.5 厘米，厚 5.5 厘米
简　　介：本砖制模时，字作阳文，故印于泥土后，砖铭呈现阴文，这在此类型砖中少见。大面蕉叶纹、轮纹。湖州吴兴城区一带曾大量出土“长寿贵 / 安乐”“长寿乐”“长寿安乐”等铭文，皆为缪篆，与此几乎一致，可见为汉末流行吉语。

0005

砖　　文：长寿贵 / 载积

时　　代：东汉

出土地点：吴兴区白龙山

尺　　寸：长 36.5 厘米，宽 19 厘米，厚 5.5 厘米

简　　介：砖文为缪篆，“载积”二字出自《周易》，原文为：“大车以载，积中不败也。”

0006

砖　　文：藏幽窥易能真 / 斩□

时　　代：东汉

出土地点：吴兴区白龙山

尺　　寸：长 37 厘米，宽 18 厘米，厚 5.5 厘米

简　　介：砖出吴兴区杨家埠白龙山汉墓，同出砖铭有“万岁不败 / 万岁”（大面对称四树叶纹，并四枚五铢钱币纹）、“为阴司约 / 张氏”。本砖同时见出于吴兴区康山，二地相距十余里，或为版模借用，或为窑厂专制，各自购买营葬。

0007

砖　　文：长寿富贵 / 常乐

时　　代：东汉

出土地点：吴兴区八里店乌山

尺　　寸：长 35.8 厘米，宽 17.8 厘米，厚 5 厘米

简　　介：与长寿万岁 / 常乐（0008 号）、万岁不败 / 万岁（0009 号）同出八里店乌山。近年湖州市铁佛寺西侧工地古井也有所出。虽所出地域不同，然版模同，可知古时砖厂，所售古甓，为古井、建筑、墓室所置，各尽其用。

砖　　文：长寿万岁 / 常乐

时　　代：东汉

出土地点：吴兴区八里店乌山

尺　　寸：长 37 厘米，宽 18 厘米，厚 5 厘米

简　　介：与上款（0007 号）同出。吉语“长寿”一般搭配贵、乐、富贵、安乐、大吉，此处“长寿”与“万岁”为同义词。“万岁”为具体递增指向。湖州古砖中有十万岁、三百万、千万岁、万万岁、亿载，古人祈求流传万世，生生不息。

0009

砖　　文：万岁不败 / 万岁

时　　代：东汉

出土地点：吴兴区八里店乌山

尺　　寸：长 36 厘米，宽 18 厘米，厚 5 厘米

简　　介：与上款（0007 号、0008 号）同出。“万”字下有小三角装饰，书体规整，砖质青硬，为万岁中标准样品。

0010

砖　　文：万岁不败 / 万岁

时　　代：东汉

出土地点：吴兴区八里店乌山

尺　　寸：长 36 厘米，宽 18 厘米，厚 4—5 厘米

简　　介：与上款（0009 号）同出。大面蕉叶轮纹，轮内一图案寓意不明，同出皆一致，或表达日照东升西落、日影照射大地、时间如轮、流转不息之意。一侧薄一侧厚，为券顶砖。

0011

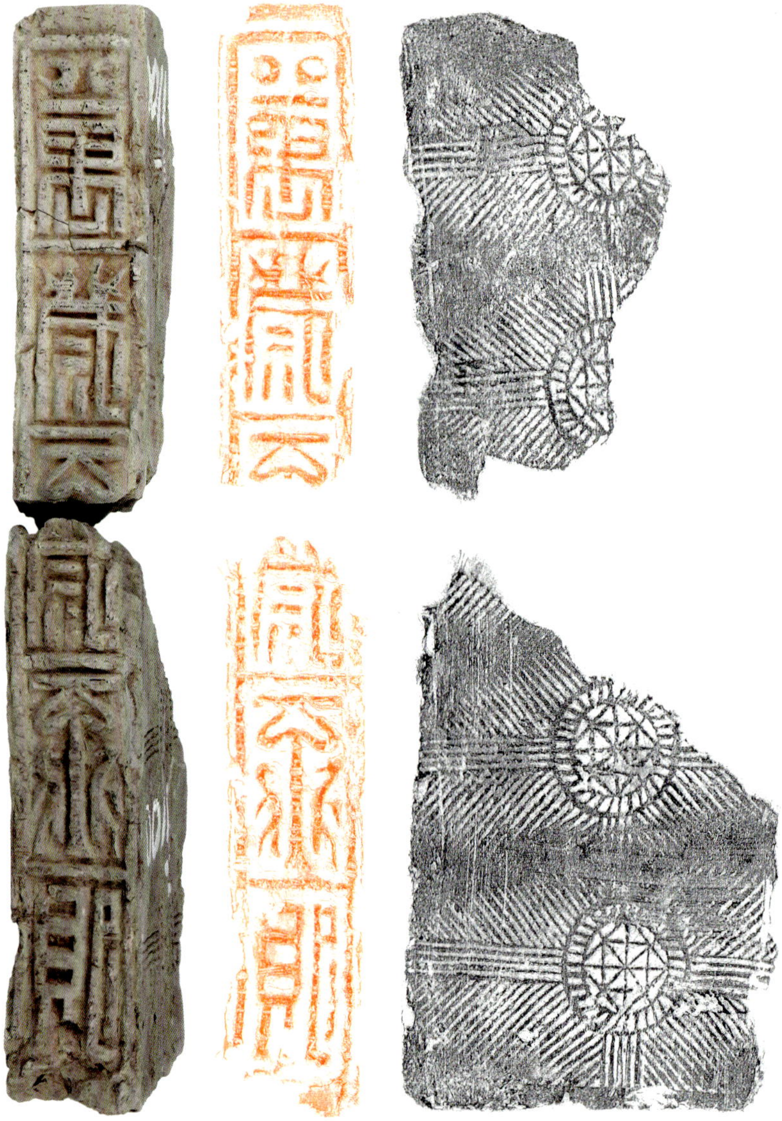

砖　　文：万岁□不败
纹　　饰：朱雀纹 / 大面蕉叶纹、几何纹
时　　代：东汉
出土地点：吴兴区
尺　　寸：残长 37 厘米，残宽 16 厘米，厚 6 厘米（拼合）
简　　介：本砖“岁”字上、“不”字左右的装饰为对向朱雀，大面蕉叶纹，中间轮圈内几何纹。叩之清脆，字口深峻，线条劲挺，取势方正。

0012

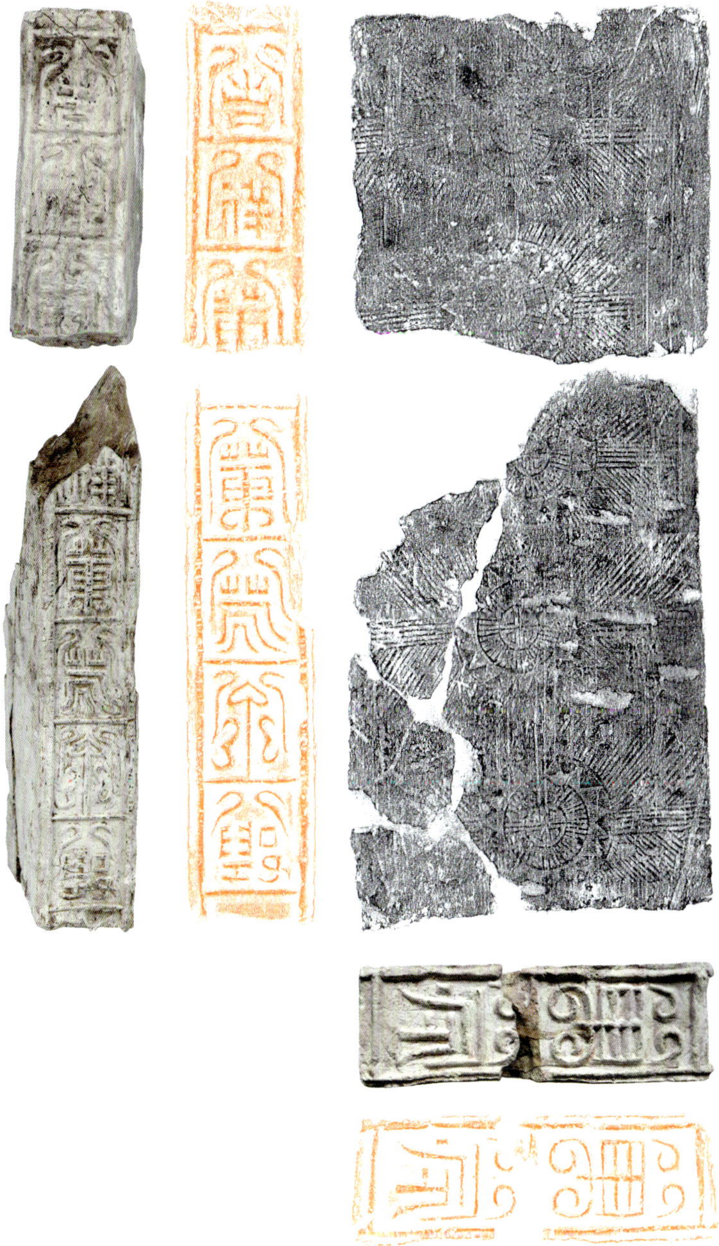

砖　　文： 吉祥门万岁不毁 / 万岁

时　　代： 东汉

出土地点： 吴兴区窑墩头

尺　　寸： 长 39 厘米，宽 19 厘米，厚 6.5 厘米

简　　介： 鸟虫篆中的虫篆书，同出吉神、吉祥两种。万岁不败常见，万岁不毁少见，但“毁”“败”意思一致，都是祈求墓室、墓主不受侵害，永远留存的含义。

0013

砖　　文：吉神万岁不毁 / 万岁

时　　代：东汉

出土地点：吴兴区窑墩头

尺　　寸：长 39 厘米，宽 19 厘米，厚 6.5 厘米

简　　介：与上款（0012 号）同出。吉神者，凶煞之对立，可保佑墓主万岁长久。本砖大面纹饰与上款大面不同，一墓用砖往往不止一个品种，既可以丰富表达、装饰墓室，同时制砖有多个模具，多人工作，又可大大提升效率。

0014

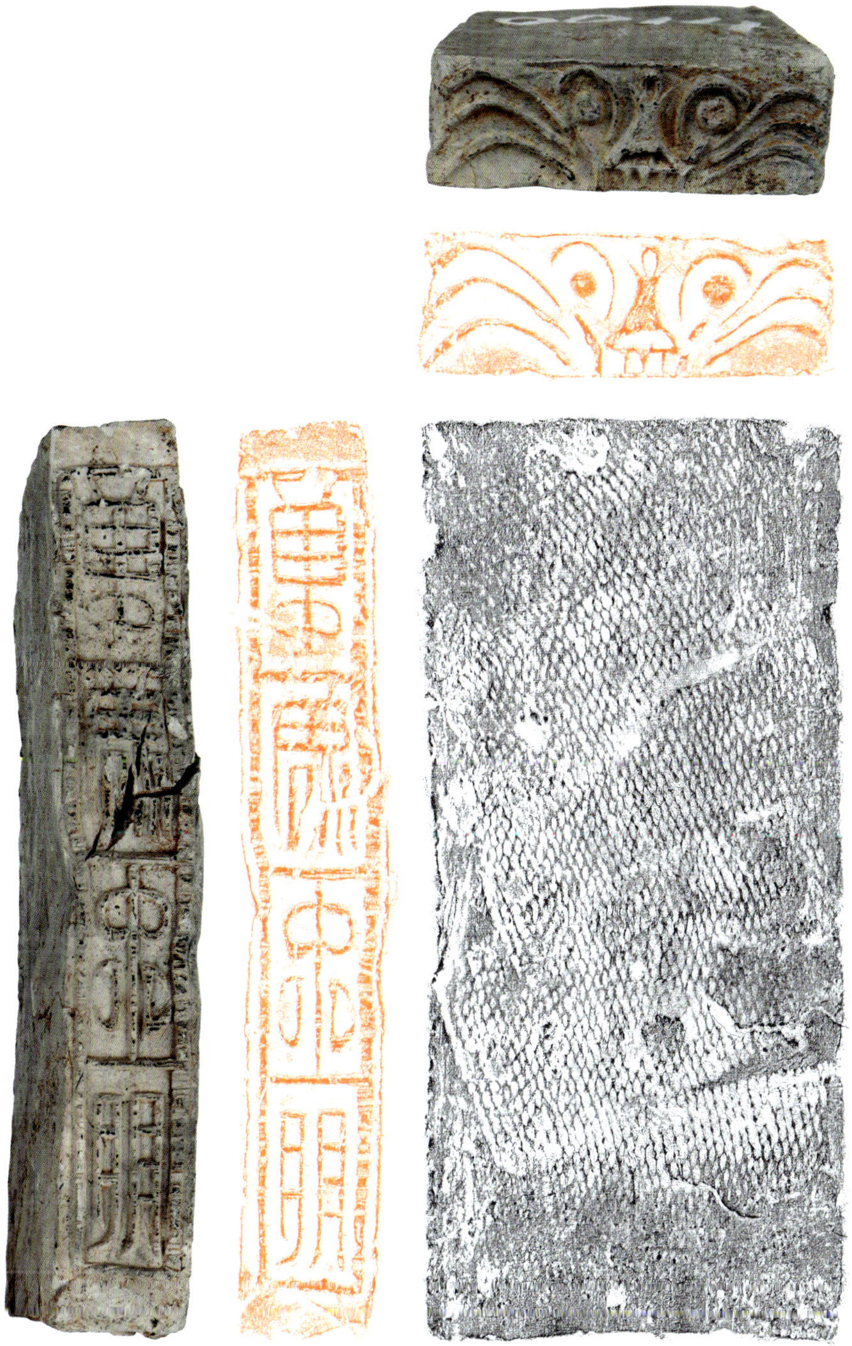

砖　　文：万岁不败

纹　　饰：饕餮纹

时　　代：东汉

出土地点：吴兴区上濠里 M88

尺　　寸：长 35 厘米，宽 16.5 厘米，厚 5.5 厘米

简　　介：古人以为饕餮贪吃，吃到最后将自己身体吃尽，只余龇牙利齿，又言饕餮喜食恶鬼，故多用于镇墓，以防墓主受恶鬼侵扰。

0015

纹　　饰：大饕餮纹，弧、线形纹饰 / 葫芦、钱币纹 / 大面麻布纹

时　　代：东汉

出土地点：吴兴区上濠里 M88

尺　　寸：长 35 厘米，宽 16.5 厘米，厚 5.6 厘米

简　　介：与上款（0014 号）同出。

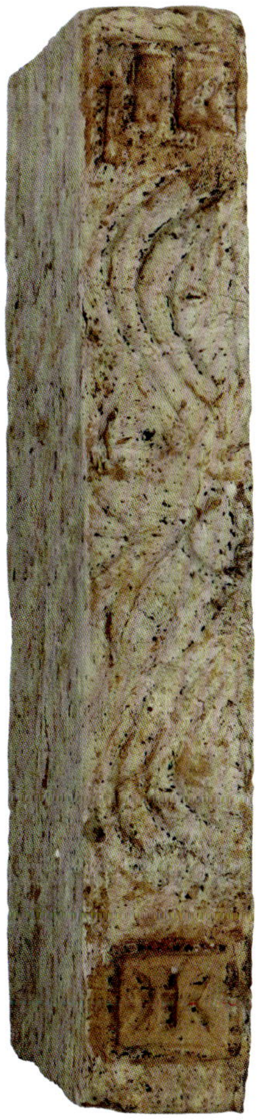

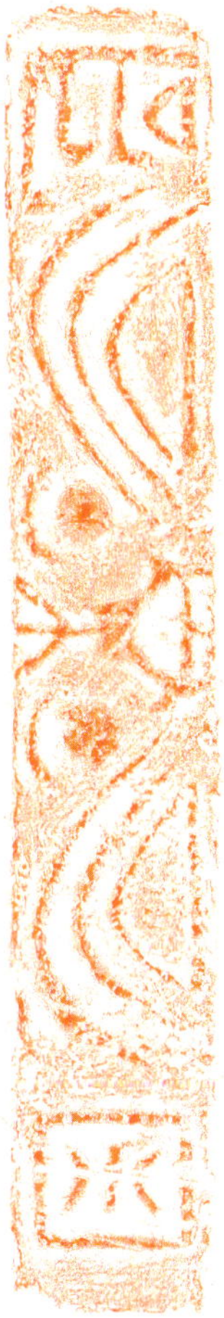

纹　　饰：大饕餮纹，弧、线形纹饰 / 葫芦、钱币纹 / 大面麻布纹

时　　代：东汉

出土地点：吴兴区上濠里 M88

尺　　寸：长 35 厘米，宽 17 厘米，厚 5.5 厘米

简　　介：与上款（0015 号）同出，纹饰略有不同，葫芦、钱币纹下面纹饰未详何物。饕餮纹为古砖中常见纹饰。葫芦纹象征丹药，寓意得道升仙。

0017

砖　　文：万刘己贵己富 / 田五
纹　　饰：钱币纹
时　　代：东汉
出土地点：吴兴区上濠里 M69
尺　　寸：长 36 厘米，宽 17 厘米，厚 5.2 厘米
简　　介：此墓同出有万岁不败及花纹砖。墓主或为刘姓，砖文反书，祈求刘氏富贵。

0018

砖　　文：万岁不败 / 永秘传

时　　代：东汉

出土地点：吴兴区乔木山

尺　　寸：长 36 厘米，宽 16 厘米，厚 4—5.5 厘米

简　　介：永秘传，永久秘密流传，与砖铭“不开发”“万岁永封”同义。

0019

砖　　文：万岁不败（扇形）

时　　代：东汉

出土地点：吴兴区

尺　　寸：长 30—37 厘米，宽 27 厘米，厚 7.5 厘米

简　　介：本砖呈扇形，形制较大，多为穹隆顶最上收口之用，存世极少，或作铺地砖，相互嵌合，犹如燕尾榫。

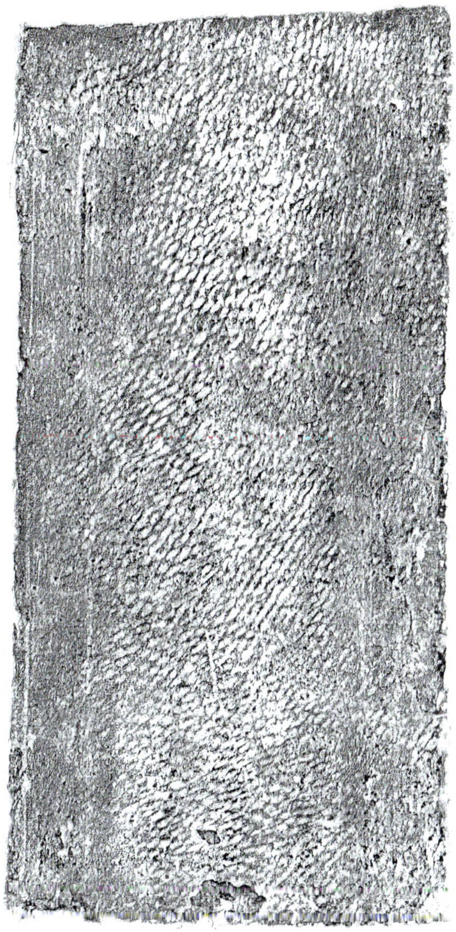

砖　　文：万岁□□ / □□
时　　代：东汉
出土地点：吴兴区上濠里 M69
尺　　寸：长 34 厘米，宽 17 厘米，厚 6 厘米
简　　介：本砖笔画结构似文字又似图案，属变体字。万岁不败的书写方式千变万化，古人以不同纹饰线条替代，如无特殊对照，几乎难辨，值得多加研究。

0021

砖　　文：万岁不败 / 万岁
纹　　饰：大面蕉叶纹、轮纹
时　　代：东汉
出土地点：吴兴区杨家埠 D90M1
尺　　寸：长 39 厘米，宽 19.5 厘米，厚 6.5 厘米
简　　介：砖文一字一格，正书，制作标准，规整大气，典型的东汉时期风格。

0022

砖　　文：万岁不败 / 万
纹　　饰：大面蕉叶纹、轮纹
时　　代：东汉
出土地点：吴兴区杨家埠 D84M1
尺　　寸：长 39 厘米，宽 11.5—19 厘米，厚 5.5 厘米
简　　介：砖呈梯形，端头“万”字与侧面“万”字书写不同，一字一格。

0023

砖　　文：万岁（不败）

纹　　饰：大面蕉叶纹、轮纹，附加锯齿纹 / 端面饕餮纹，其下有竖线及八小方格纹

时　　代：东汉

出土地点：吴兴区杨家埠 D84M1

尺　　寸：残长 16.5 厘米，宽 12 厘米（小头），厚 5.5 厘米

简　　介：本砖大面双面纹饰。饕餮纹下的竖线或可释读为窗棂纹。

0024

砖　　文：万岁不败 / 万岁
纹　　饰：大面蕉叶纹、轮纹、钱币纹
时　　代：东汉
出土地点：吴兴区
尺　　寸：长 37 厘米，宽 18 厘米，厚 6 厘米
简　　介：本砖“万岁”与“不败”对向排列。大面蕉叶纹、轮纹、钱币纹，象征钱财滚滚而来，源源不断。轮纹拍印时位置有叠压重合情况，为工匠制作时速度较快，马虎大意造成的。砖铭通常为一个方向，自上而下书写，本砖书体对称反向书写极为罕见，或有阴阳象征之意。

0025

砖　　文：万岁不败 / 万岁
纹　　饰：大面轮纹，内“富吉五铢”，朱雀纹，“里”字
时　　代：东汉
出土地点：吴兴区
尺　　寸：长 36.5 厘米，宽 18.5 厘米，厚 6 厘米
简　　介：大面纹饰复杂。本砖大面双面纹饰，较少见。

0026

砖　　文：万岁
纹　　饰：弧形、菱形纹 / 大面麻布纹
时　　代：东汉
出土地点：吴兴区
尺　　寸：长 36 厘米，宽 17 厘米，厚 6.5 厘米
简　　介：本砖弧形、菱形对称纹，端头“万岁”二字。砖中弧形对称纹使用广泛，在墓室墙面中也能很好地拼出整圆形，起到较美的装饰作用。类似几何纹饰或相当于画像石之边饰，有土、石、泉之意，象征地府。（姜生《汉帝国的遗产：汉鬼考》）

0027

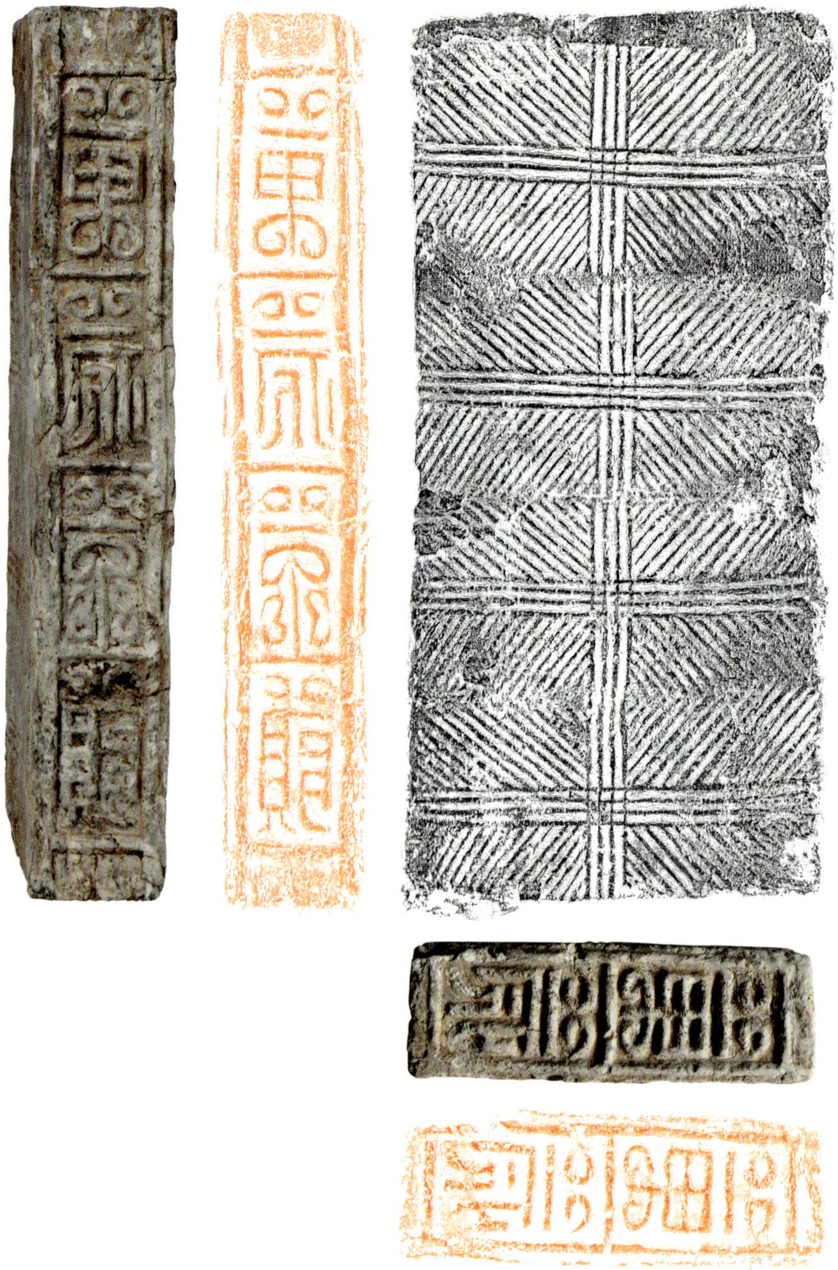

砖　　文：万岁不败 / 万岁
纹　　饰：大面线形十字蕉叶纹
时　　代：东汉
出土地点：吴兴区
尺　　寸：长 36.5 厘米，宽 18 厘米，厚 6 厘米
简　　介：本砖六字，头部皆有圆弧装饰，一字一格，字作正书。大面线形十字蕉叶纹，典型的东汉纹饰。

0028

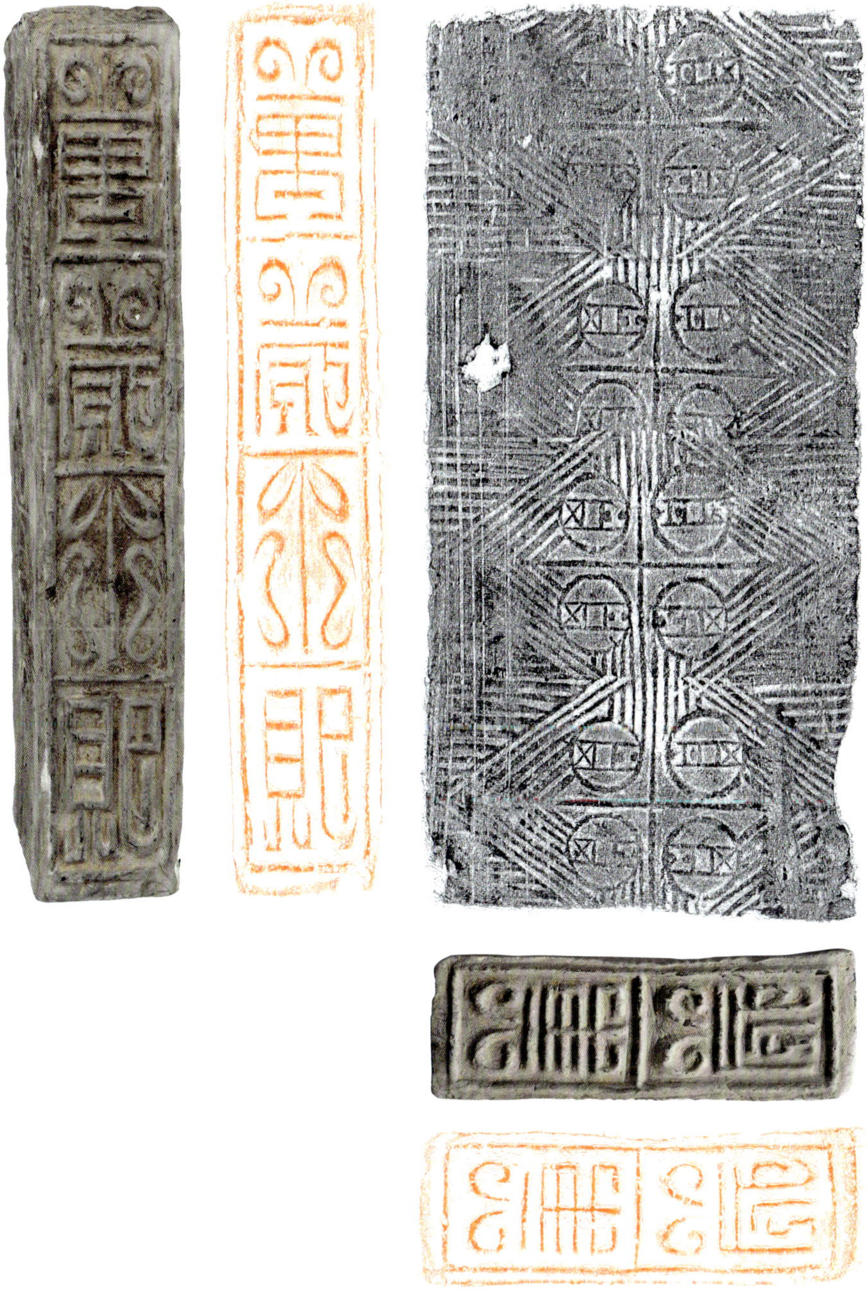

砖　　文：	万岁不败 / 万岁
纹　　饰：	大面线形菱形纹、五铢钱币纹
时　　代：	东汉
出土地点：	吴兴区
尺　　寸：	长 38 厘米，宽 19 厘米，厚 6.5 厘米
简　　介：	本砖“万岁”二字字形上部以触须样式装饰，大面线形菱形纹，中部双排五铢钱币纹，四枚一组，共计十六枚。四枚或为四时概念，或代表四方，象征四方来财。

0029

砖　　文：万岁不败 / 万岁

时　　代：东汉

出土地点：吴兴区

尺　　寸：长 37 厘米，宽 18.2 厘米，厚 5.5 厘米

简　　介：本砖“万岁”二字字形头部以类似鹿角装饰，藏家取名鹿角万岁。字作正书，小篆，线条柔美。

0030

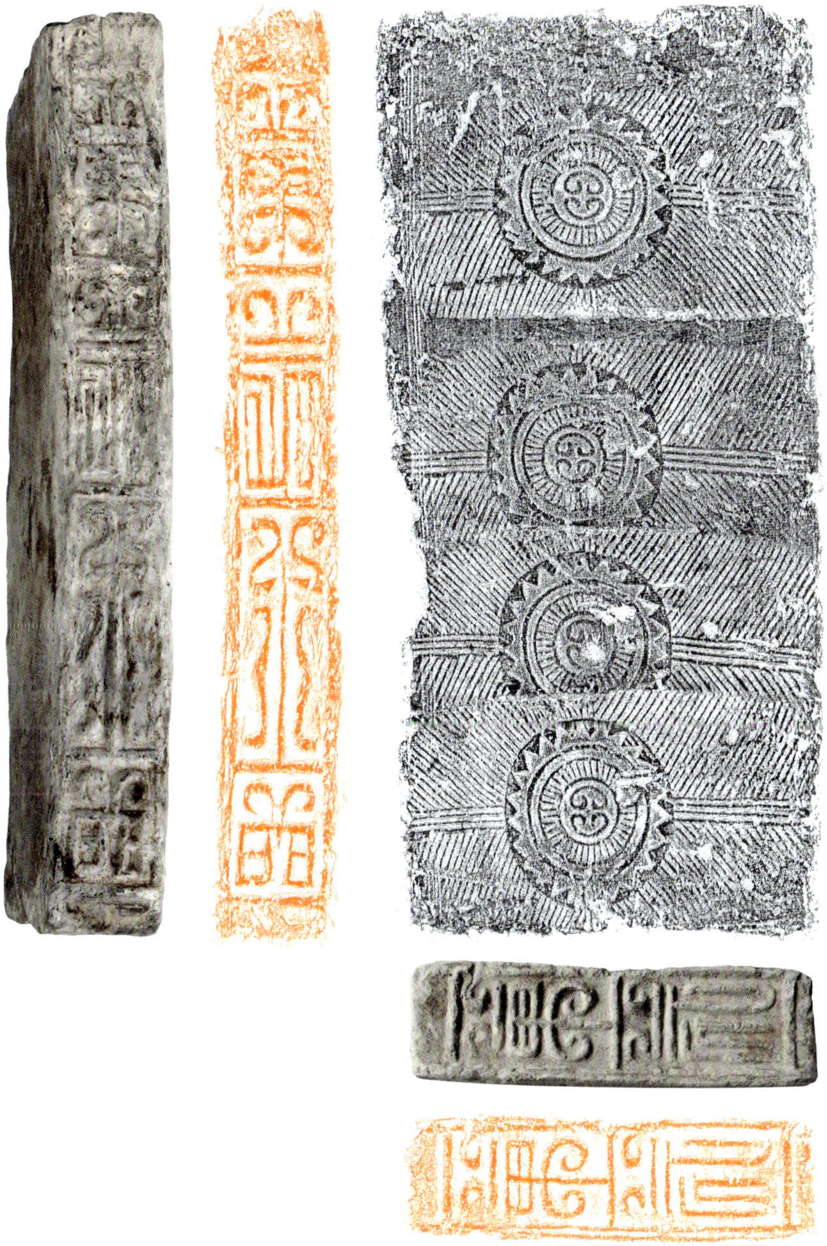

砖　　文：万岁不败 / 万岁
纹　　饰：大面蕉叶纹、太阳纹，内有轮纹、对称云纹
时　　代：东汉
出土地点：吴兴区
尺　　寸：长 34 厘米，宽 16.5 厘米，厚 4.5 厘米
简　　介：侧面、端面字形上部装饰略有不同。大面双面纹饰。

0031

砖　　文：万岁不正 / 万岁
纹　　饰：大面水波纹、太阳纹
时　　代：东汉
出土地点：吴兴区道场乡
尺　　寸：长 35 厘米，宽 17.5 厘米，厚 4.5 厘米
简　　介：“万岁不败”常见且易识读，“万岁不正”则少见。大面水波纹、太阳纹，象征天地。

0032

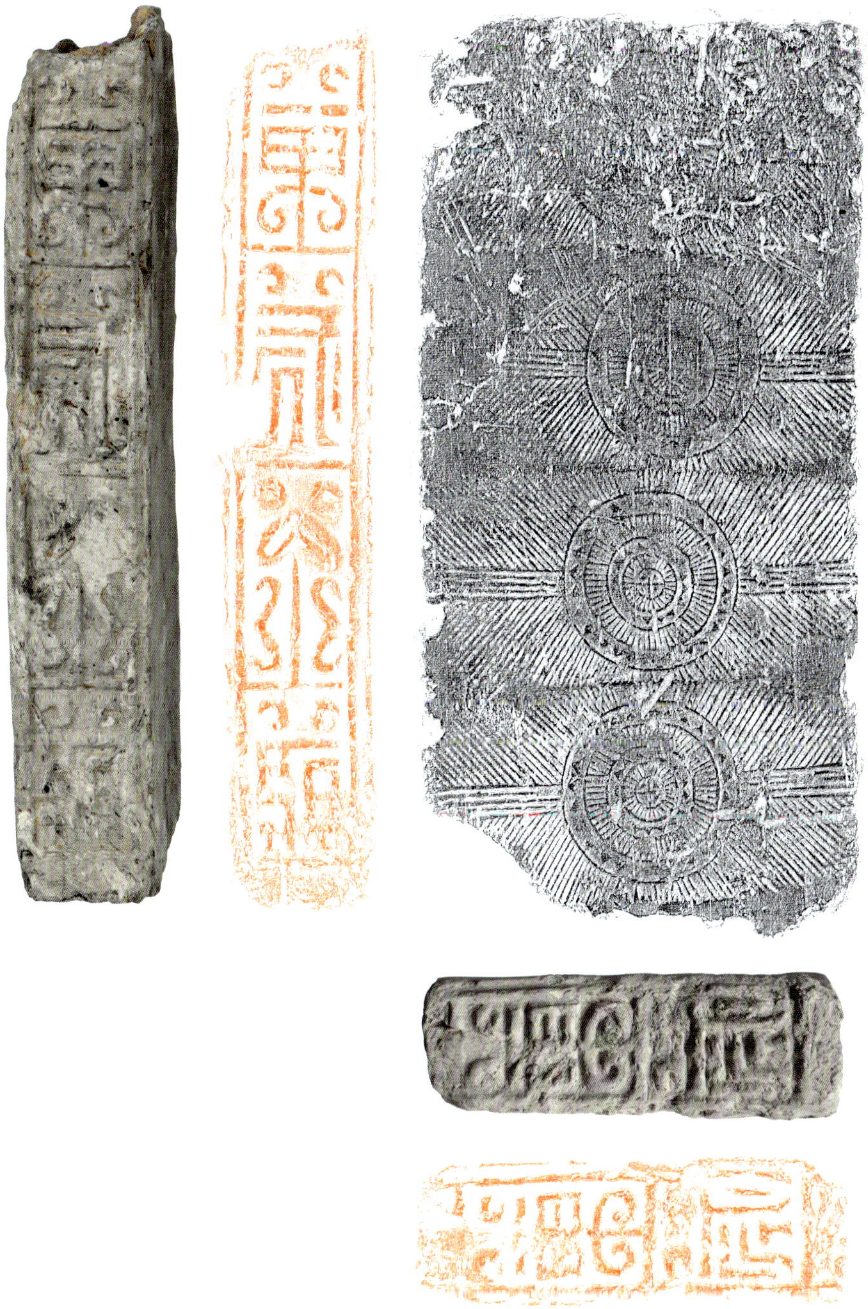

砖　　文：万岁不败 / 万岁
纹　　饰：大面蕉叶纹、双太阳纹、轮纹
时　　代：东汉
出土地点：吴兴区
尺　　寸：残长 37 厘米，宽 19.5 厘米，厚 6.5 厘米

0033

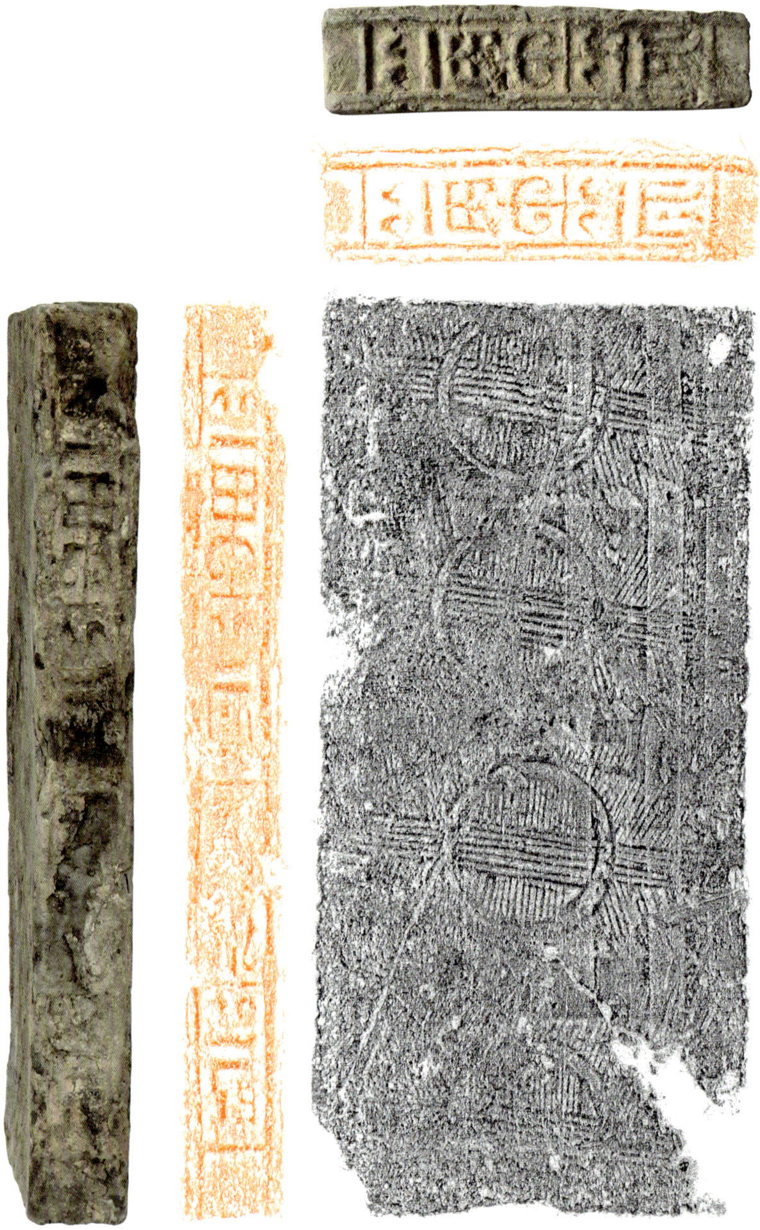

砖　　文：万岁不败 / 万岁
纹　　饰：大面蕉叶纹、轮纹
时　　代：东汉
出土地点：吴兴区
尺　　寸：长 34.5 厘米，宽 17 厘米，厚 4 厘米
简　　介：书体正书，每字上部以眉形作装饰。

0034

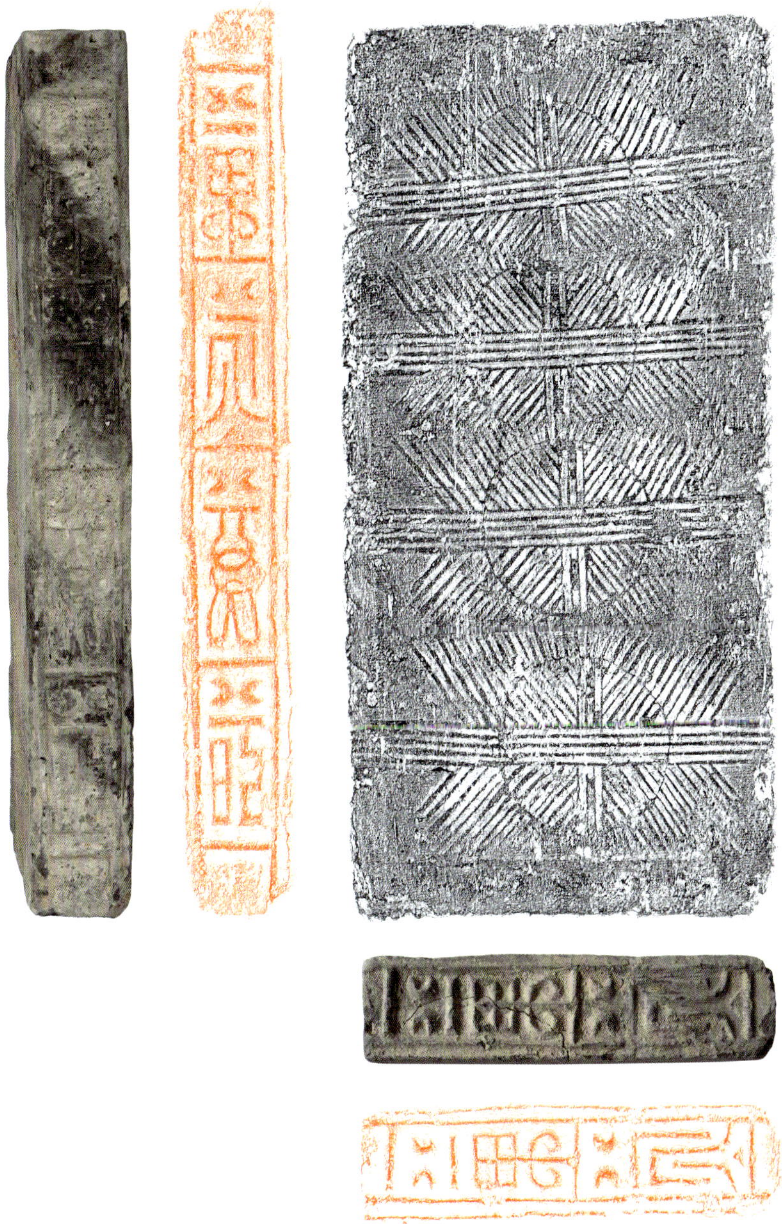

砖　　文：万岁不败 / 万岁
时　　代：东汉
出土地点：吴兴区
尺　　寸：长 34 厘米，宽 17 厘米，厚 4.5 厘米
简　　介：本砖正书，每字上部以对称半圆作装饰，两个“岁”字下皆有三角形装饰。

0035

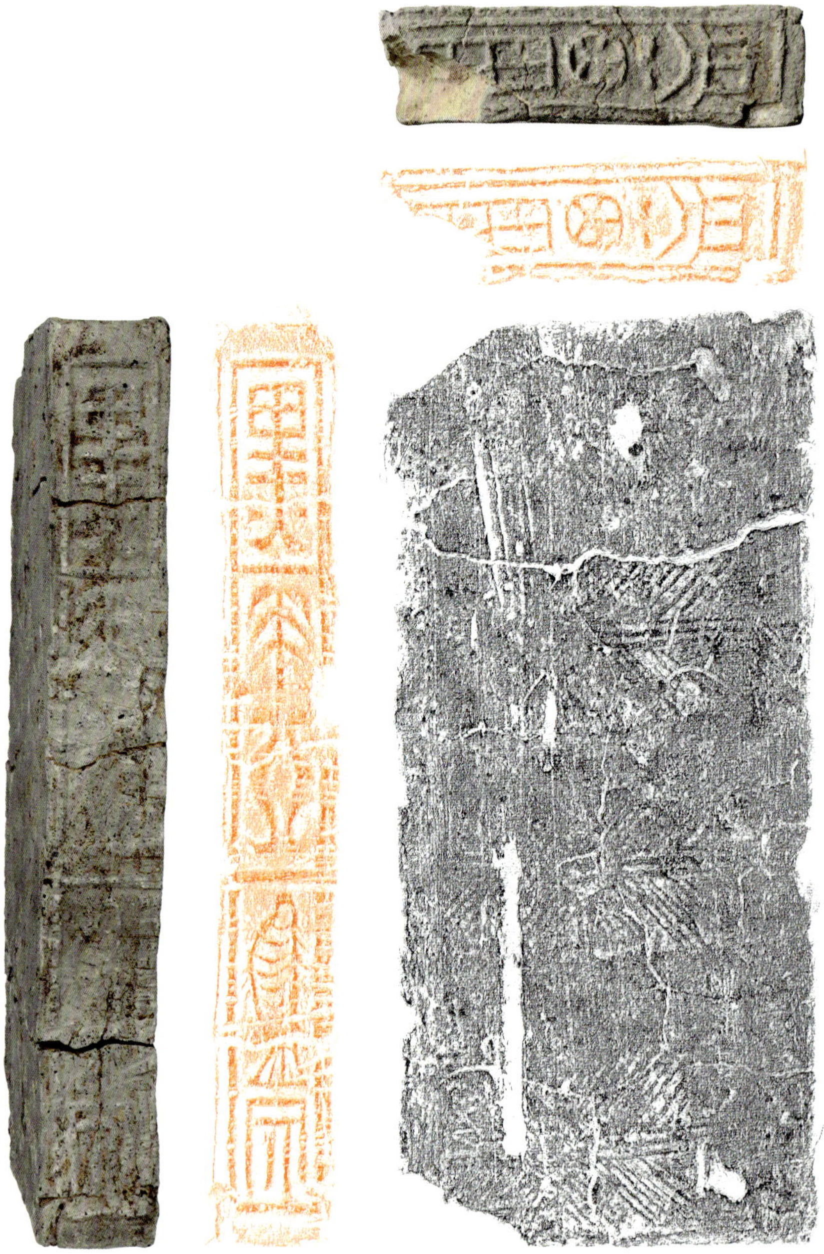

砖　　文：万岁不败 / 万岁

纹　　饰：鱼纹 / 格子纹

时　　代：东汉

出土地点：吴兴区塘口

尺　　寸：长 34.5 厘米，宽 16.5 厘米，厚 4.5 厘米

简　　介：侧面“岁”字以嘉禾图案为指代，农作物一年一稔，故又称岁稔，代表“岁”的意思。端面又以圆圭为时间的代表。

0036

砖　　文：万不败 / 万岁
纹　　饰：大面蕉叶纹、钱币纹 / 格子纹
时　　代：东汉
出土地点：吴兴区塘口
尺　　寸：长 34 厘米，宽 16.5 厘米，厚 4.5 厘米
简　　介：与上款（0035 号）同出。

0037

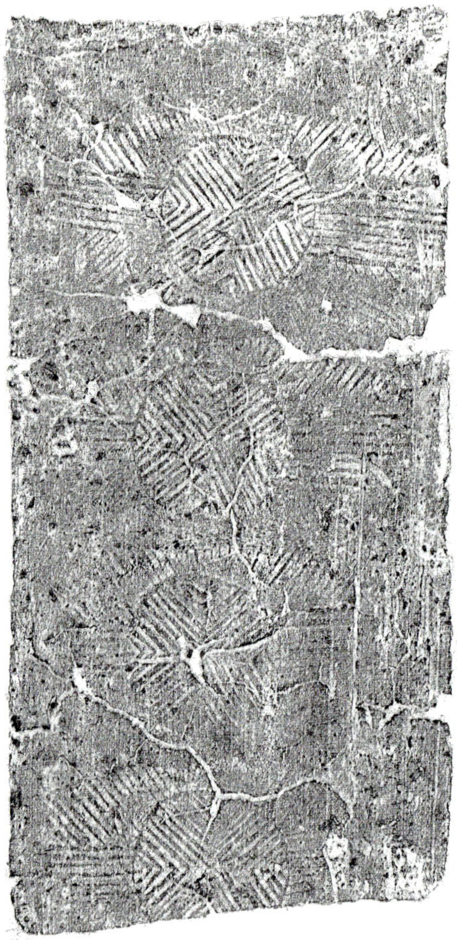

砖　　文：万岁不败 / 万岁

纹　　饰：大面蕉叶纹，圈纹内有从外面四个方向向中心聚集的箭头形

时　　代：东汉

出土地点：吴兴区

尺　　寸：长 37 厘米，宽 18.5 厘米，厚 5 厘米

简　　介：砖文一字一格，正书，每字上部有眉目形装饰。大面双面纹饰，与本书 0033 号、0034 号大面相似。

0038

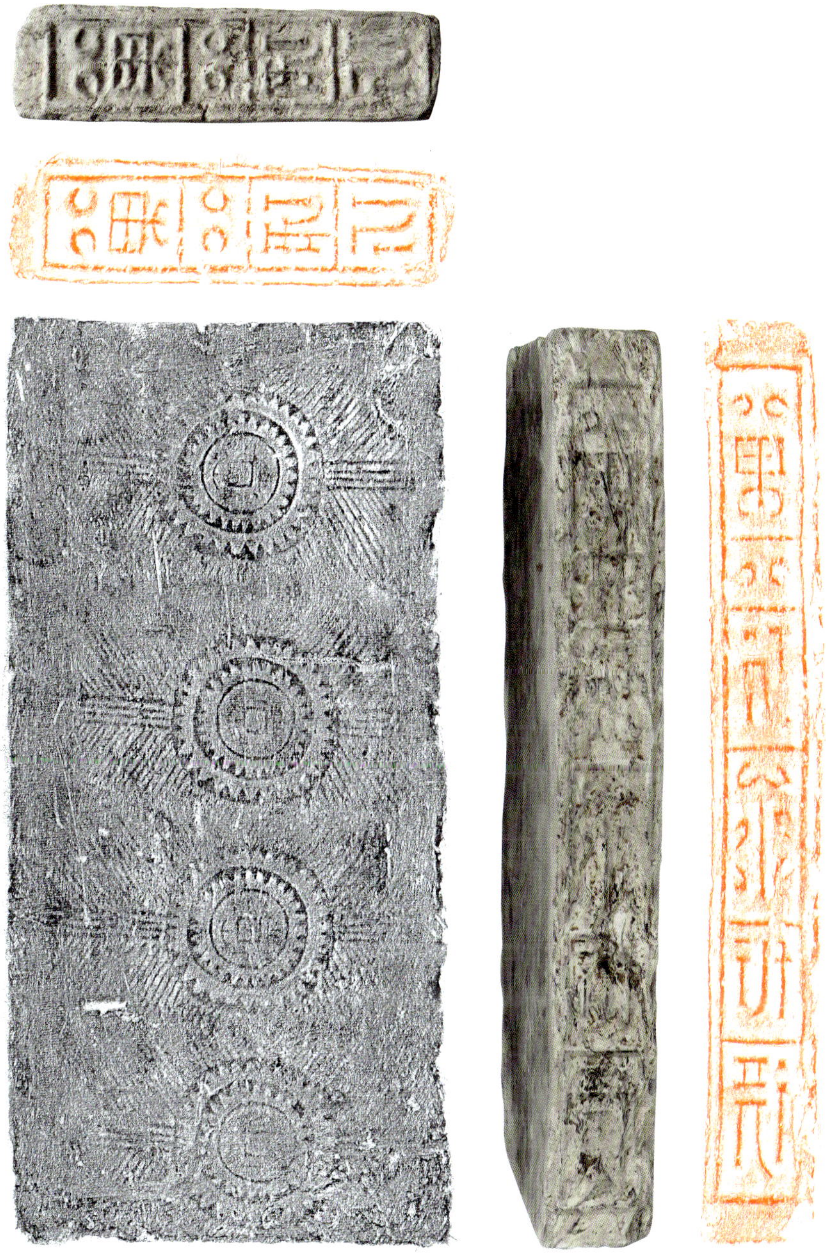

砖　　文：万岁不败□ / 万岁□

纹　　饰：大面蕉叶纹，向内锯齿圆形，最内钱币纹

时　　代：东汉

出土地点：吴兴区

尺　　寸：长 36 厘米，宽 17.5 厘米，厚 4.5 厘米

简　　介：本砖大面蕉叶纹，向内锯齿圆形，最内钱币纹。此锯齿与太阳纹外向射出的光芒状方向不一样。侧面与端面文字中末字不可识。

0039

砖　　文：万岁不败 / 万岁
纹　　饰：大面麻布纹
时　　代：东汉
出土地点：吴兴区
尺　　寸：长 33.5 厘米，宽 14.5 厘米，厚 5 厘米
简　　介：侧面与端面文字上部装饰有区别。大面麻布纹。正书，规整。

0040

砖　　文：万万不败 / 万岁
时　　代：东汉
出土地点：吴兴区八里店乌山
尺　　寸：长 36 厘米，宽 18.5 厘米，厚 5 厘米
简　　介：“万岁”作“万万”，仅见此例。

0041

砖　　文：万岁不败 / 万岁
纹　　饰：大面麻布纹
时　　代：汉晋时期
出土地点：吴兴区上濠里 M16（M17）
尺　　寸：长 31 厘米，宽 14 厘米，厚 4.5 厘米
简　　介：除端面“万”字外，其余五字上部皆以双圆作装饰。正书。

0042

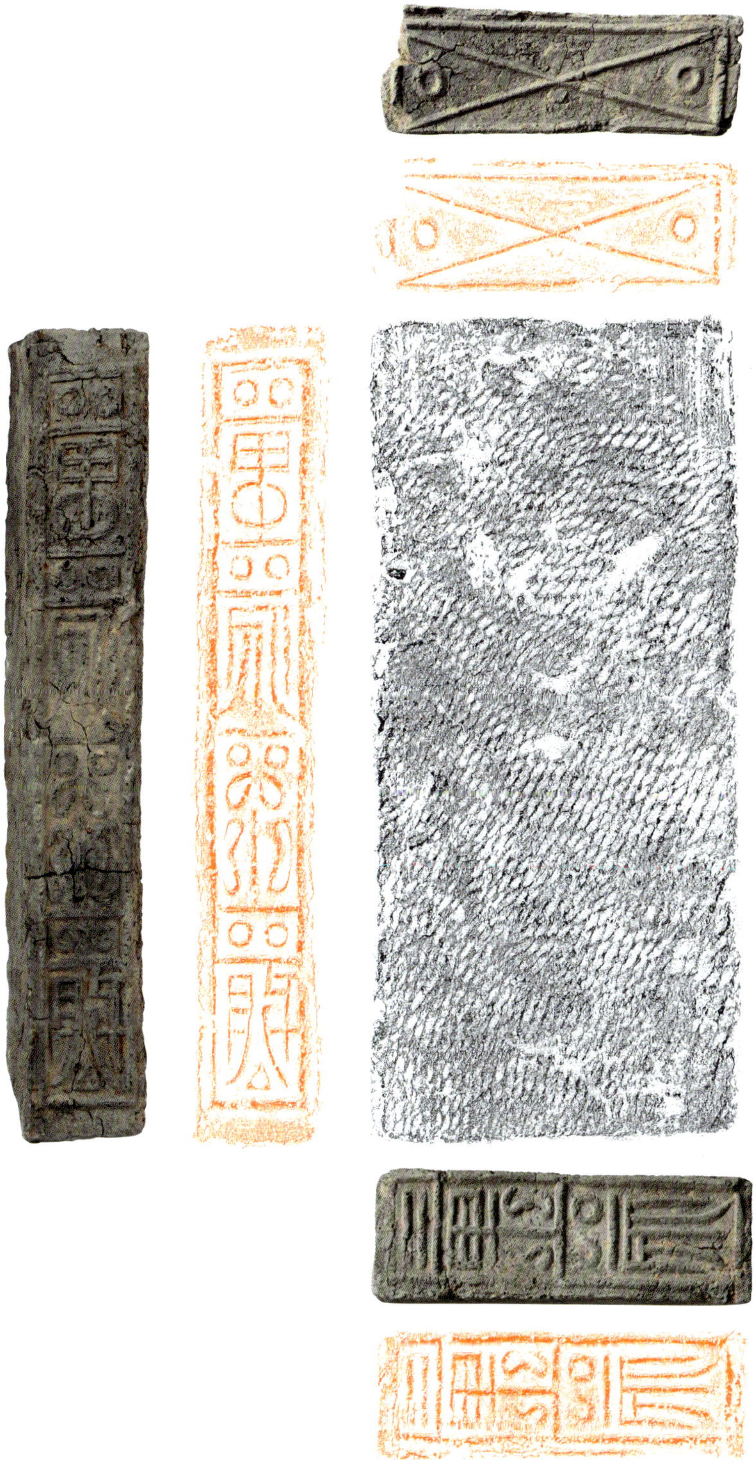

砖　　文：万岁不败 / 万岁

纹　　饰：× 纹、对称空心圆形

时　　代：汉晋时期

出土地点：吴兴区上濠里 M51

尺　　寸：长 32 厘米，宽 15 厘米，厚 5 厘米

简　　介：与上款（0041 号）同出。“败”字下有三角形装饰，其余书体设计相似，当出自同一工匠之手。

0043

砖　　文：万岁不败 / 万岁
纹　　饰：× 纹、对称实心圆形
时　　代：汉晋时期
出土地点：吴兴区上濠里 M51
尺　　寸：长 32 厘米，宽 15 厘米，厚 5 厘米
简　　介：与上款（0042 号）为同一工匠所制。

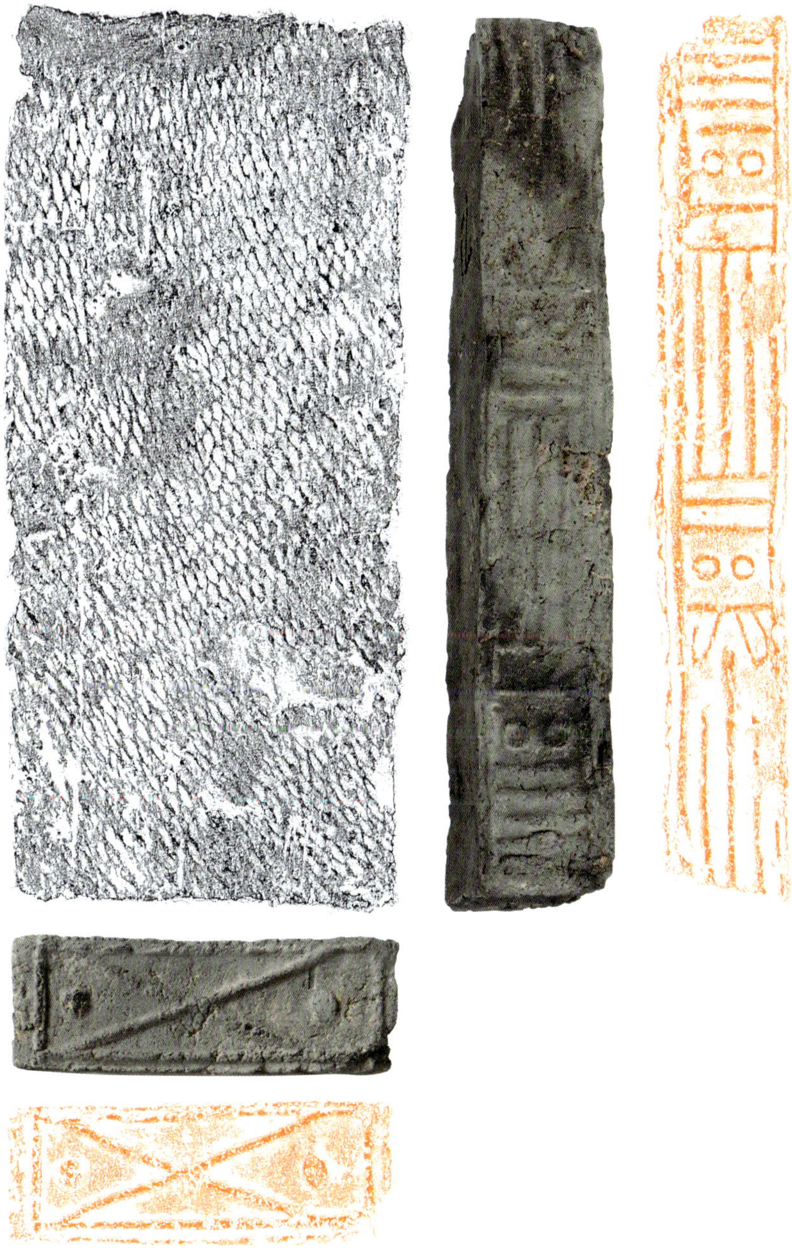

砖　　文：岁不
纹　　饰：× 纹、对称实心圆形
时　　代：汉晋时期
出土地点：吴兴区上濠里 M72（M7？）
尺　　寸：长 30 厘米，宽 14 厘米，厚 4 厘米
简　　介：与上款（0043 号）同出施家桥村上濠里，侧面仅“岁不”二字，字体细长简化，变体严重。

0045

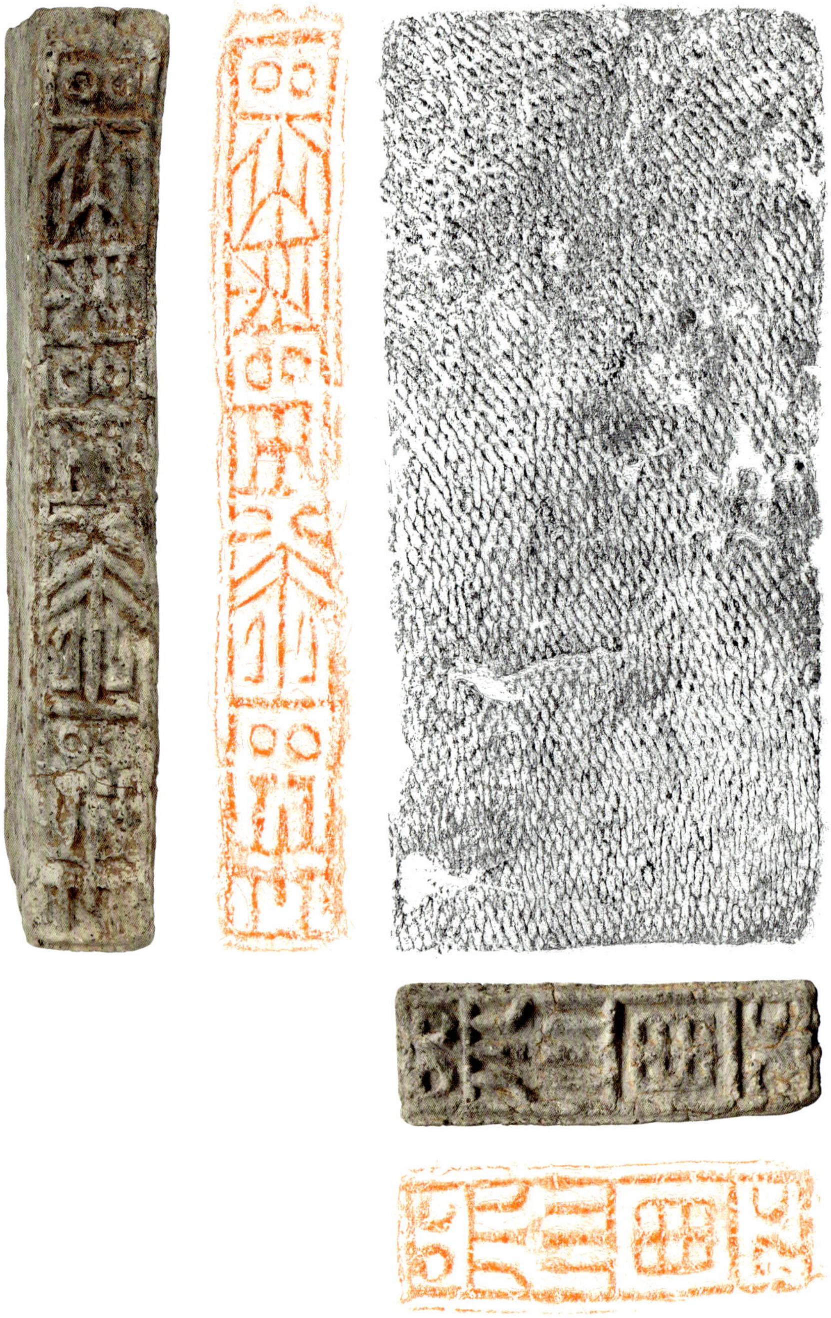

砖　　文： 万岁不败 / 万岁

时　　代： 汉晋时期

出土地点： 吴兴区上濠里 M54

尺　　寸： 长 36 厘米，宽 18 厘米，厚 5.5 厘米

简　　介： 侧面“万”“岁”“败”三字头部以双圆作装饰，“不”字以半圆为装饰。端面“万岁”二字对向书写。整个书体变形较大，单个文字极难辨认，只能以固定行文格式与字形推测。

0046

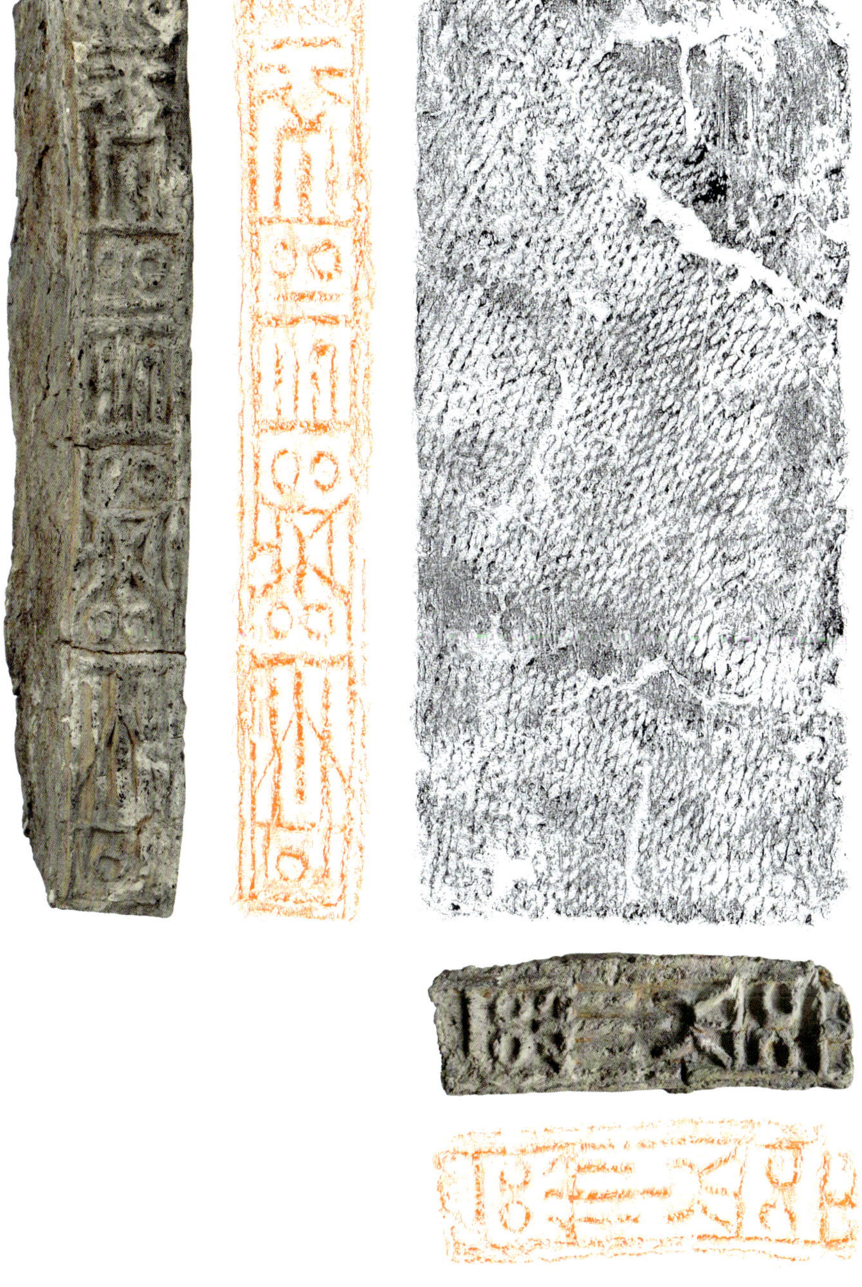

砖　　文：万岁不败 / 万岁
时　　代：汉晋时期
出土地点：吴兴区上濠里 M54
尺　　寸：长 36.5 厘米，宽 17.5 厘米，厚 5 厘米
简　　介：与上款（0045 号）同出。侧面“岁”“不”“败”三字头部以双圆作装饰，变形较大。

0047

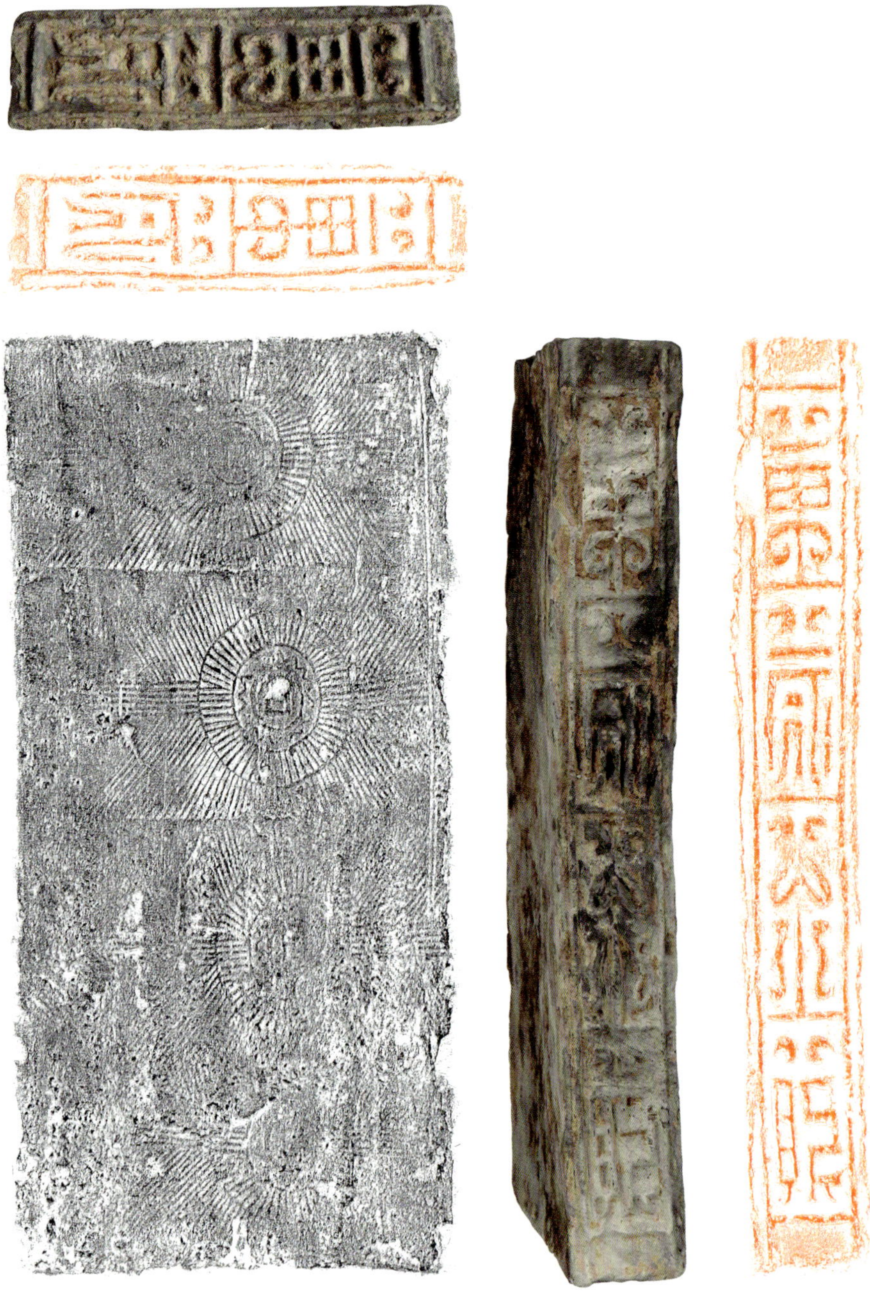

砖　　文：万岁不败 / 万岁

纹　　饰：大面蕉叶纹、轮纹，轮纹内有太阳纹、钱币纹

时　　代：汉晋时期

出土地点：吴兴区上濠里 M2

尺　　寸：长 33.5 厘米，宽 17 厘米，厚 4.5 厘米

简　　介：大面双面纹饰。

0048

砖　　文：万岁不败 / 万岁

纹　　饰：大面蕉叶纹、轮纹、太阳纹

时　　代：汉晋时期

出土地点：吴兴区上濠里 M60？（M69？）

尺　　寸：长 33 厘米，宽 15.5 厘米，厚 3.5 厘米

简　　介：大面双面纹饰，本砖略薄。

0049

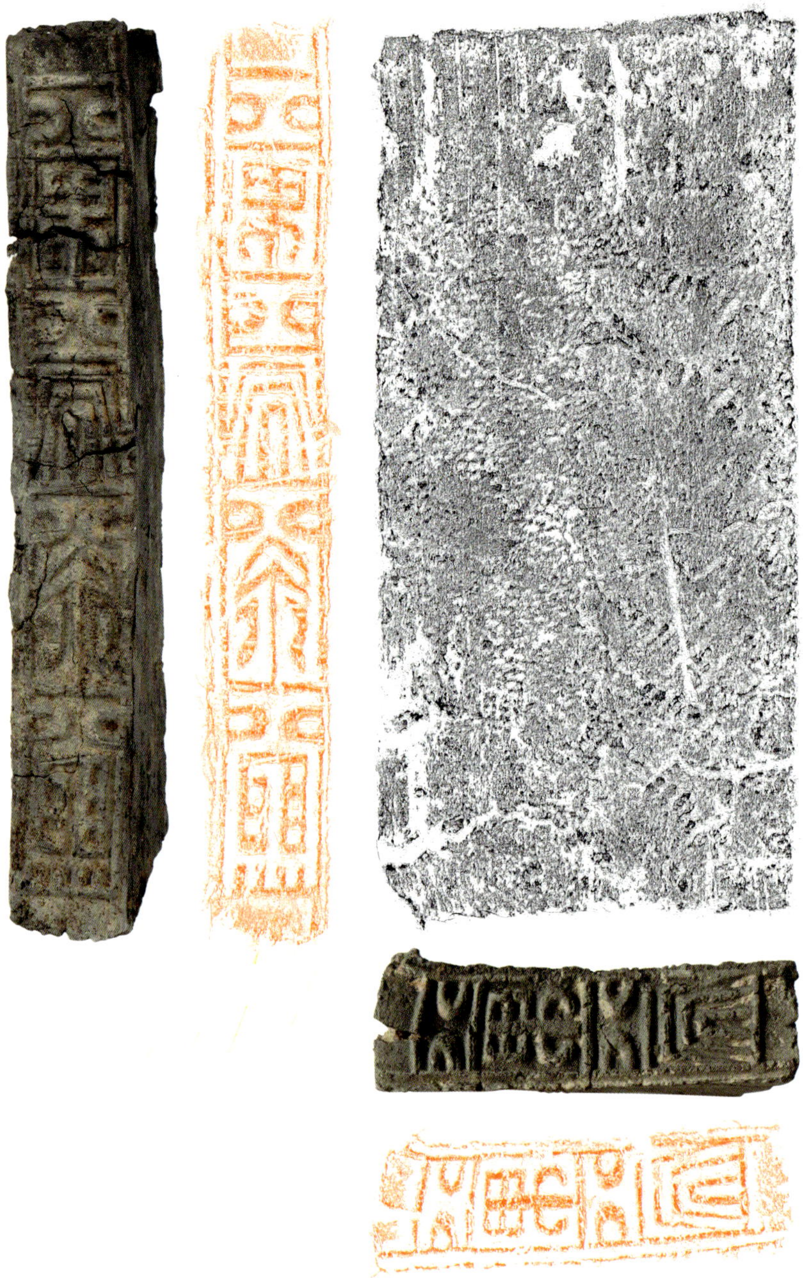

砖　　文：万岁不败 / 万岁

时　　代：汉晋时期

出土地点：吴兴区上濠里 M66

尺　　寸：长 32 厘米，宽 15 厘米，厚 4 厘米

简　　介：正书，整个书体设计为对称样式，规整大气。

0050

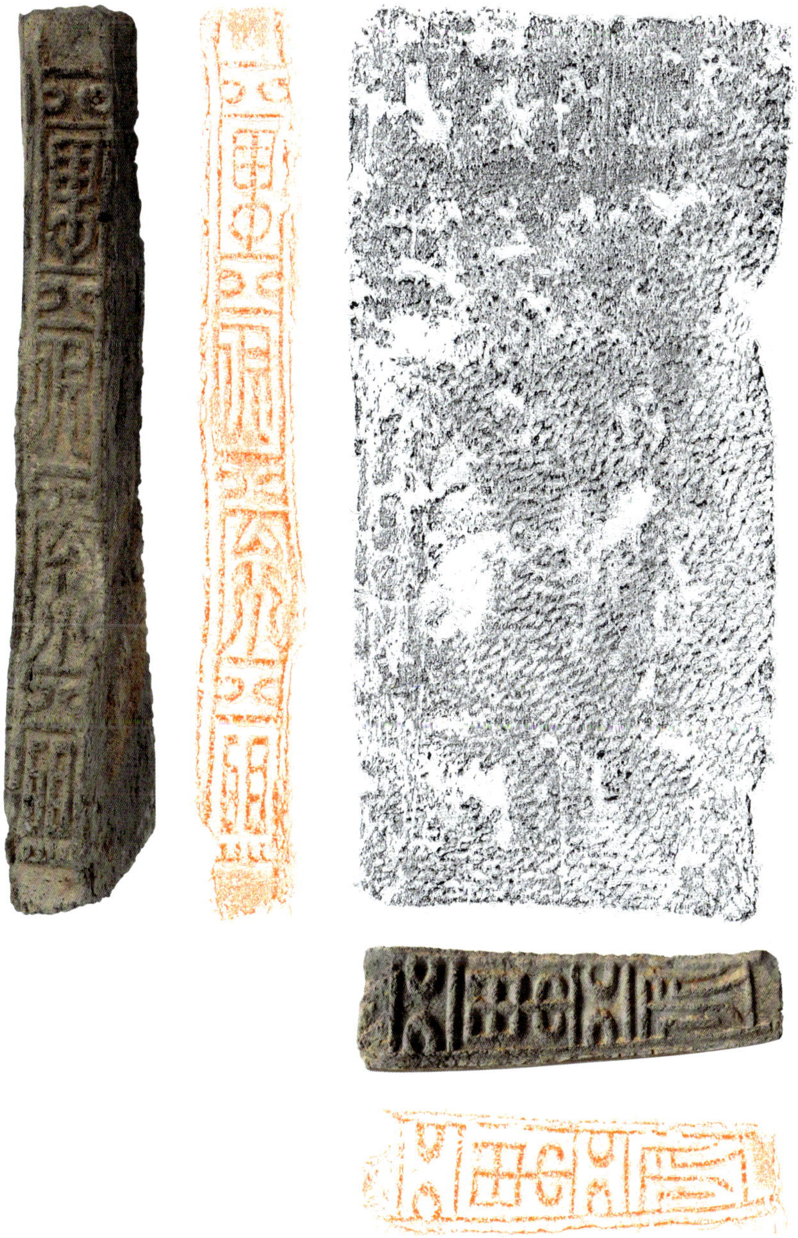

砖　　文：万岁不败 / 万岁
时　　代：汉晋时期
出土地点：吴兴区上濠里 M66
尺　　寸：长 32 厘米，宽 15.5 厘米，厚 3—4 厘米
简　　介：本砖书体瘦长，侧面与端面两个“万”字中部不同，“万”字中间部位“田”字部，常以口、田、目、圭等多格形设计。

0051

砖　　文：万岁不败 / 万岁

时　　代：汉晋时期

出土地点：吴兴区上濠里 M69

尺　　寸：长 36 厘米，宽 18 厘米，厚 5.5 厘米

简　　介：本砖变体严重，端面“万岁”尚与其余“万岁”写法略有相似，侧面“万岁不败”几乎无法辨识。

0052

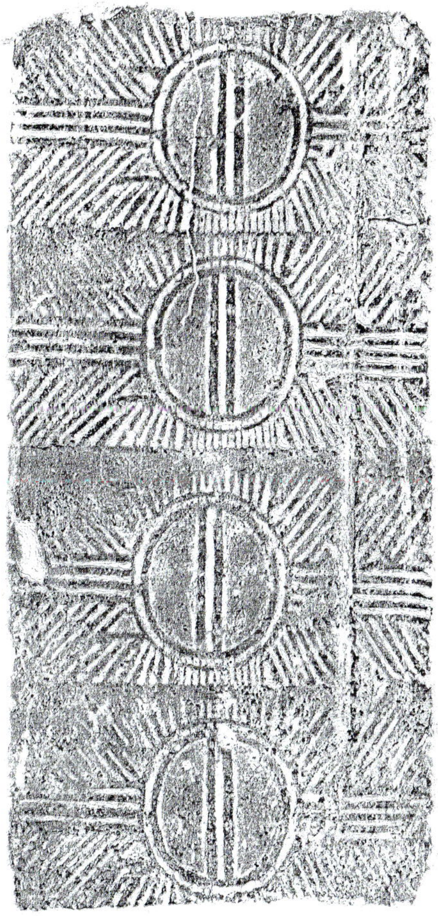

砖　　文：万岁不败 / 万岁

纹　　饰：大面蕉叶纹，环形内有双线均分

时　　代：汉晋时期

出土地点：吴兴区上濠里 M2

尺　　寸：长 36 厘米，宽 17 厘米，厚 5.5 厘米

简　　介：本砖保存极好，“万岁不败”每字上部皆有双圈装饰。

0053

砖　　文：万岁不败 / 万岁
时　　代：汉晋时期
出土地点：吴兴区上濠里 M54
尺　　寸：长 37 厘米，宽 17 厘米，厚 5.5 厘米
简　　介：正书，每字上部皆有双圈装饰。

0054

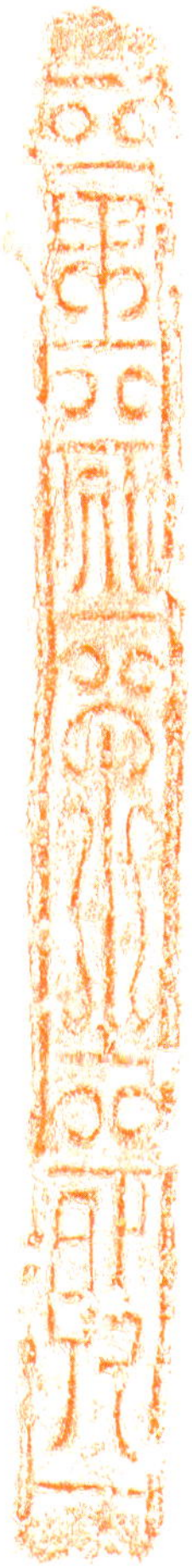

砖　　文：万岁不败 / 万岁
时　　代：汉晋时期
出土地点：吴兴区
尺　　寸：长 33 厘米，宽 15 厘米，厚 3—4.5 厘米
简　　介：本砖侧面“万岁”二字小，“不败”二字大，正书。

0055

砖　　文：万岁不败 / 万岁 / 田子□□

时　　代：汉晋时期

出土地点：吴兴区

尺　　寸：长 35.5 厘米，宽 16.5 厘米，厚 6 厘米

简　　介：本砖两个端面皆有字，似为田氏用砖。

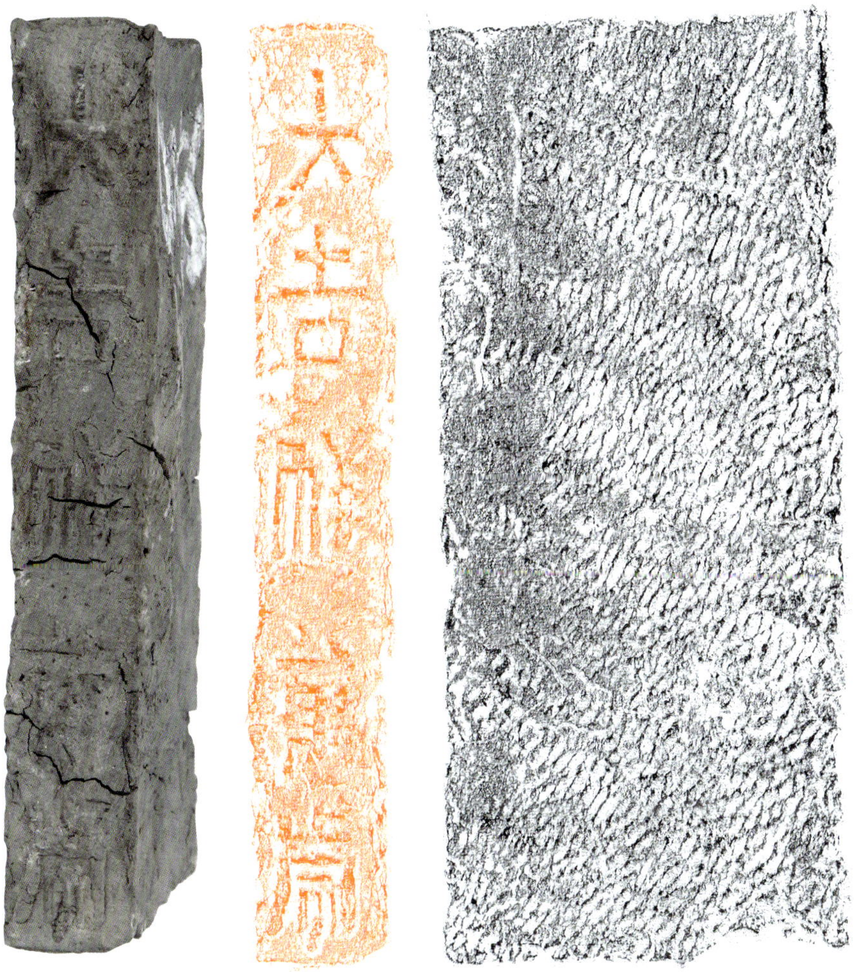

砖　　文： 大吉祥万（繁体）岁
时　　代： 汉晋时期
出土地点： 吴兴区
尺　　寸： 长 29.2 厘米，宽 12.5 厘米，厚 4.5 厘米
简　　介： 井砖，同出有简、繁二种并弧形网格纹子母榫素砖。古时窑厂制砖，为求效率，制模多种，多人同时操作，提高脱模效率，故多内容相同而书体略异之砖。

0057

砖　　文：大吉祥万岁
纹　　饰：大面网格纹
时　　代：汉晋时期
出土地点：吴兴区
尺　　寸：长 30.5 厘米，宽 14.5 厘米，厚 4.7 厘米
简　　介：与上款（0056 号）同出，本砖同出还有拱形子母砖，皆为古井用砖。

0058

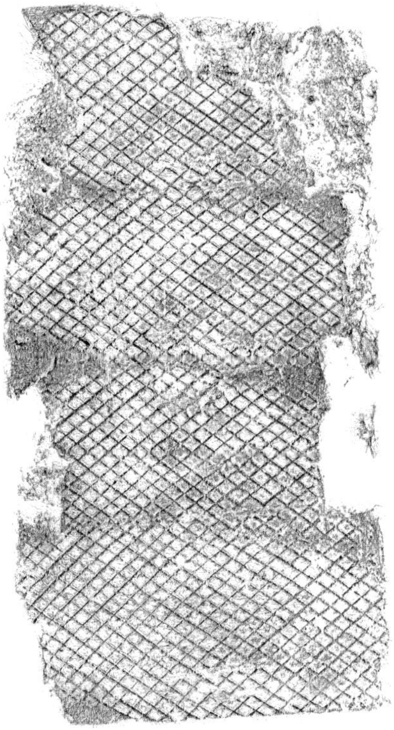

纹　　饰：弧形网格纹

时　　代：汉晋时期

出土地点：吴兴区

尺　　寸：长 33 厘米，宽 18 厘米，厚 3.5 厘米

简　　介：与上款（0057 号）同出，为古井用砖，弧形子母砖为券出圆形水井所特殊烧制用砖，砖砖咬合，增强了牢固度。目前这类特殊形制水井用砖发现较少。

0059

砖　　文：（万岁不）败吴兴邹氏

时　　代：汉晋时期

出土地点：吴兴区（杨 D78M2）

尺　　寸：残长 18 厘米，宽 14.5 厘米，厚 4 厘米

简　　介：邹氏为少见姓氏，在吴兴却属望族。万岁不败带姓氏者少见，如孙氏、儿氏、吴氏、丁氏等，不过十种。

0060

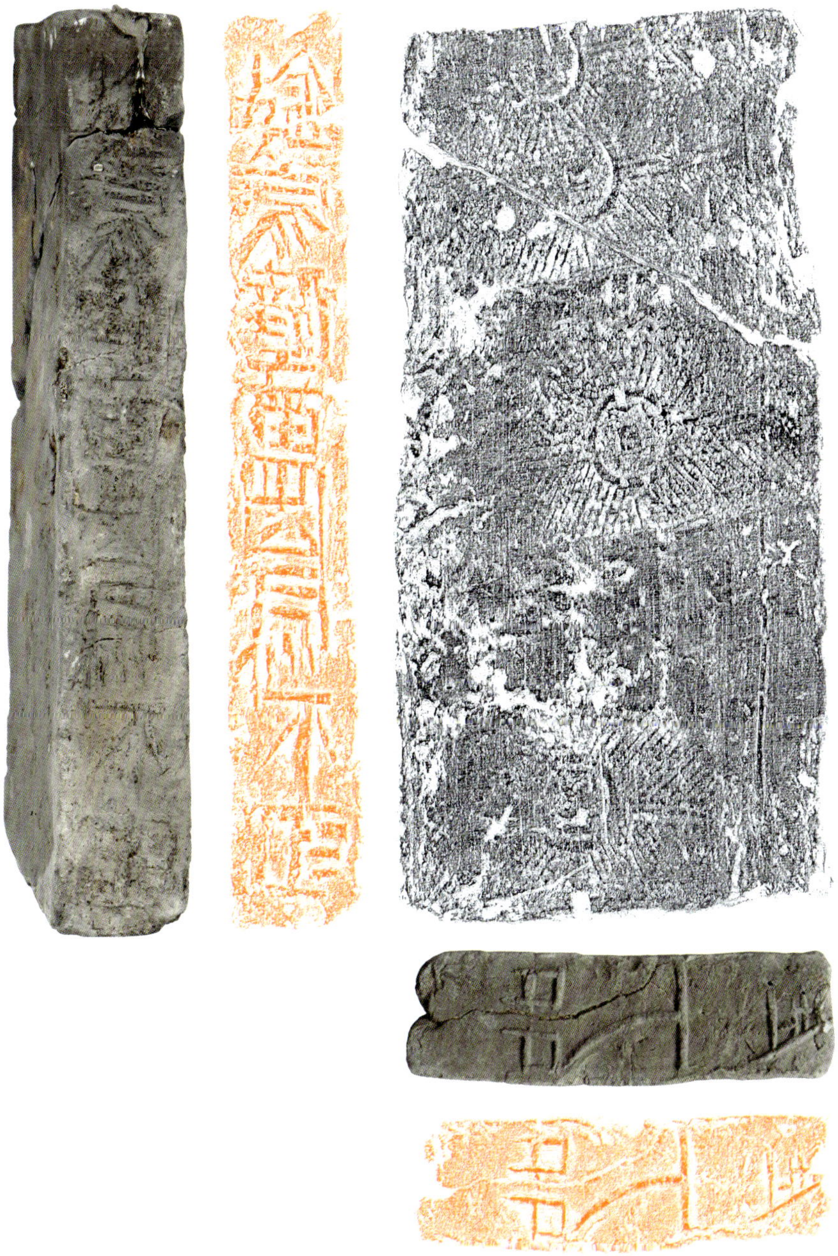

砖　　文：钱家壁万岁不败 / 岁丁卯

时　　代：汉晋时期

出土地点：湖州市

尺　　寸：长 33 厘米，宽 17 厘米，厚 5 厘米

简　　介：钱姓为湖州望族，以长兴发迹。反文。

0061

砖　　文：太岁在丙戌六月作 / 万岁
时　　代：汉晋时期
出土地点：吴兴区
尺　　寸：长 36.5 厘米，宽 17 厘米，厚 5.5 厘米
简　　介：《千甓亭古砖图释》卷十八著录，陆心源曰与本初元年砖同出乌程避村。

砖　　文：太平始立
时　　代：汉晋时期
出土地点：吴兴区八里店西山
尺　　寸：长 32.5 厘米，宽 16 厘米，厚 5 厘米
简　　介：砖文中多“天下太平”“太平岁”等语。砖中篆书“五”字应当为界格装饰。

0063

砖　　文：甲子

纹　　饰：方胜纹、鱼纹 / 方胜纹、网格纹

时　　代：汉晋时期

出土地点：吴兴区

尺　　寸：长 36 厘米，宽 18.5 厘米，厚 4—5 厘米

简　　介：甲子为干支纪年之首，东汉时又有黄巾军起义口号“苍天已死，黄天当立，岁在甲子，天下大吉”。方胜纹、鱼纹皆有吉祥寓意，甲子或为记岁，或有大吉之意。

0064

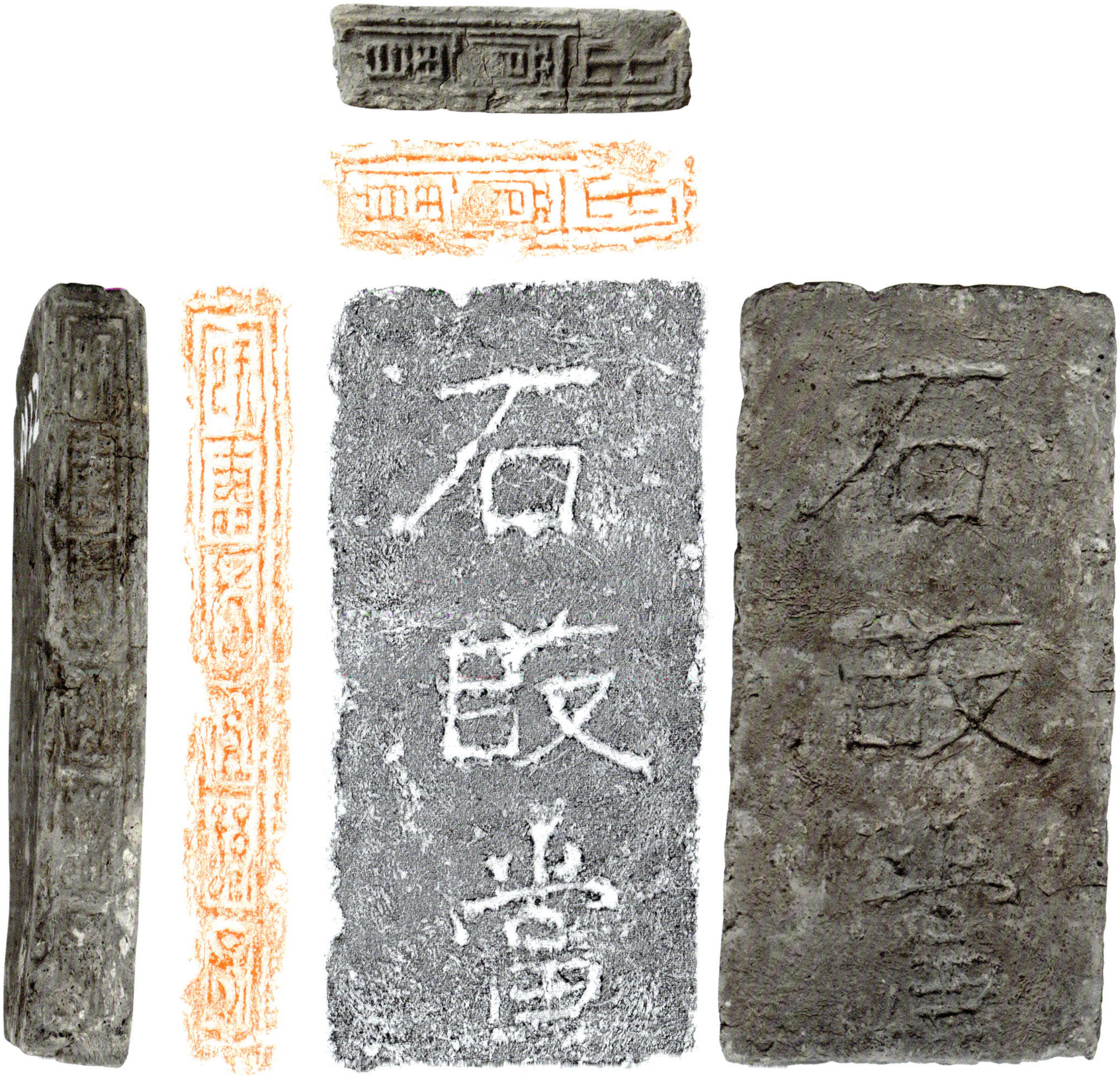

砖　　文：既寿考宜孙子 / 出富贵

时　　代：汉晋时期

出土地点：吴兴区东林镇

尺　　寸：长 31.5 厘米，宽 16 厘米，厚 4.5 厘米

简　　介：大面“石敢当”三字为后刻。

0065

砖　　文：阳遂大吉祥富贵作壁之家
纹　　饰：柿蒂纹
时　　代：汉晋时期
来　　源：朱兴林先生捐赠
尺　　寸：长 35 厘米，宽 13.5—17.5 厘米，厚 5 厘米
简　　介：柿蒂纹为中国传统吉祥纹饰，《酉阳杂俎》：“木中根固，柿为最。俗谓之柿盘。”柿蒂纹起源极早，兴起于战国，兴盛于秦汉。“阳遂”有光明之意。

0066

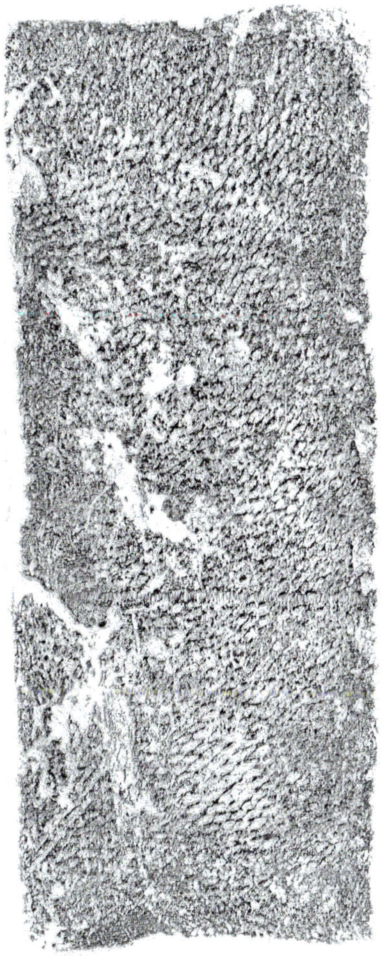

砖　　文：青州乐安郡萧氏律
纹　　饰：钱币方胜纹
时　　代：汉晋时期
出土地点：湖州市
尺　　寸：长 35.5 厘米，宽 14 厘米，厚 4.5 厘米
简　　介：乐安，西汉初年属齐郡。汉武帝时分齐郡置千乘郡。东汉置千乘国，后改为乐安国。汉质帝本初元年（146），国除为乐安郡。郡治在临济县，隶属青州刺史部。本砖为北人南迁吴兴之证明。反文。

0067

砖　　文：贝中吴家壁人勿败
时　　代：汉晋时期
出土地点：吴兴区
尺　　寸：长 33 厘米，宽 17 厘米，厚 5 厘米
简　　介：吴家壁即吴氏用砖；贝中当为地名；人勿败，吴家永不衰败之意。
端面字隐约不可识。反文。

0068

砖　　文：……申徐庶作 / 万岁
纹　　饰：鬼脸纹
时　　代：汉晋时期
出土地点：吴兴区
尺　　寸：长 31 厘米，宽 14.5 厘米，厚 2.5—4 厘米
简　　介：券顶砖，一侧薄一侧厚，为墓室顶部用砖。

0069

砖　　文：……建安□

时　　代：汉晋时期

出土地点：湖州市

尺　　寸：长 33 厘米，宽 16.8 厘米，厚 5.5 厘米

简　　介：建安一为东汉末年号，一为行政地名。吴兴旧有出“万岁不败 / 故建安长徐君”砖。

0070

砖　　文：吴兴乌程儿作壁

纹　　饰：× 纹

时　　代：汉晋时期

出土地点：吴兴区

尺　　寸：长 34.5 厘米，宽 15 厘米，厚 3—4.5 厘米

简　　介：吴兴郡为东吴始置，辖乌程县；“儿”即倪姓；“作壁”即作砖。

0071

砖　　文： 陈

时　　代： 汉晋时期

出土地点： 吴兴区上濠里 M31

尺　　寸： 长 28 厘米，宽 13 厘米，厚 3.5 厘米

简　　介： 端面正书，仅一“陈”字，当为墓主姓氏。

砖　　文：□廿五
时　　代：汉晋时期
出土地点：吴兴区
尺　　寸：长 33 厘米，宽 15 厘米，厚 5 厘米
简　　介：本砖湿刻三字。湿刻为古砖砖坯尚未干时，用锐利器物或手指等刻划文字。这类湿刻极其稀少，能直接反映古人书写方式，可谓如对真迹。

0073

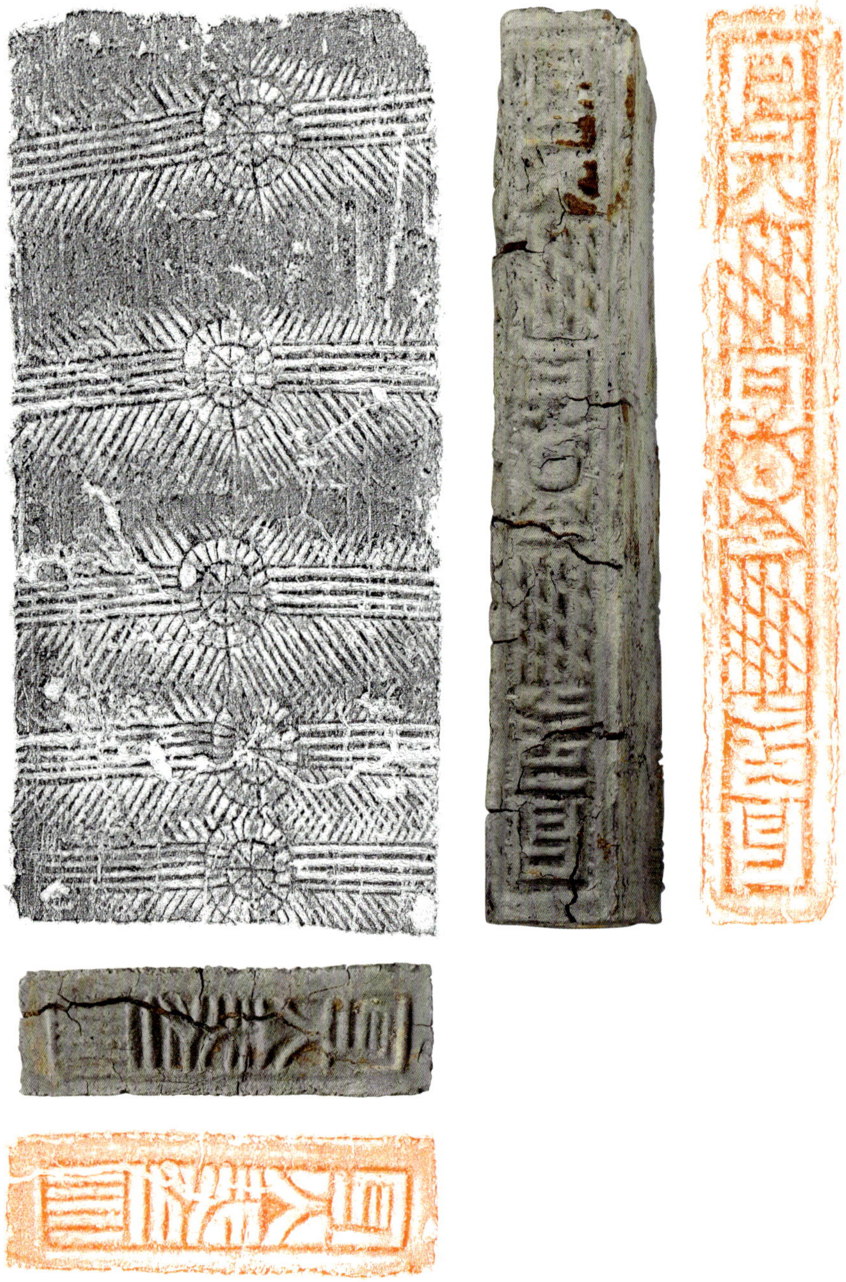

砖　　文：宜元□□ / 不识文
时　　代：汉晋时期
出土地点：吴兴区塘口
尺　　寸：长 36.5 厘米，宽 17.5 厘米，厚 5.5 厘米
简　　介：文字变体，难以辨识，这类独特的文字以湖州所出为最著名，其他地域极少出现。这与湖州地区吴越文化交融、追求多变书风有直接关系。

0074

砖　　文：不识义（子母砖）
时　　代：汉晋时期
出土地点：吴兴区上濠里 M12
尺　　寸：长 37 厘米，宽 16 厘米，厚 4 厘米
简　　介：似文似图，难以辨识。子母砖带有凹凸，砖砖咬合，可增加墓室牢固度。

0075

砖　　文：不识文
纹　　饰：简易网格纹（菱形纹）
时　　代：汉晋时期
出土地点：吴兴区上濠里 M16、M17
尺　　寸：长 31 厘米，宽 13.5 厘米，厚 4 厘米
简　　介：侧面菱形纹饰或有象征黄泉地下之意。端面有文字，模糊不可辨。

0076

砖　　文：富且昌爵禄臻 / 嗣长殷
纹　　饰：弧形花纹
时　　代：东吴
出土地点：吴兴区乔木山
尺　　寸：长 38 厘米，宽 17 厘米，厚 5.5 厘米
简　　介：本砖为祈求富贵、昌盛、爵位俸禄高升且子孙繁茂长久之意。

0077

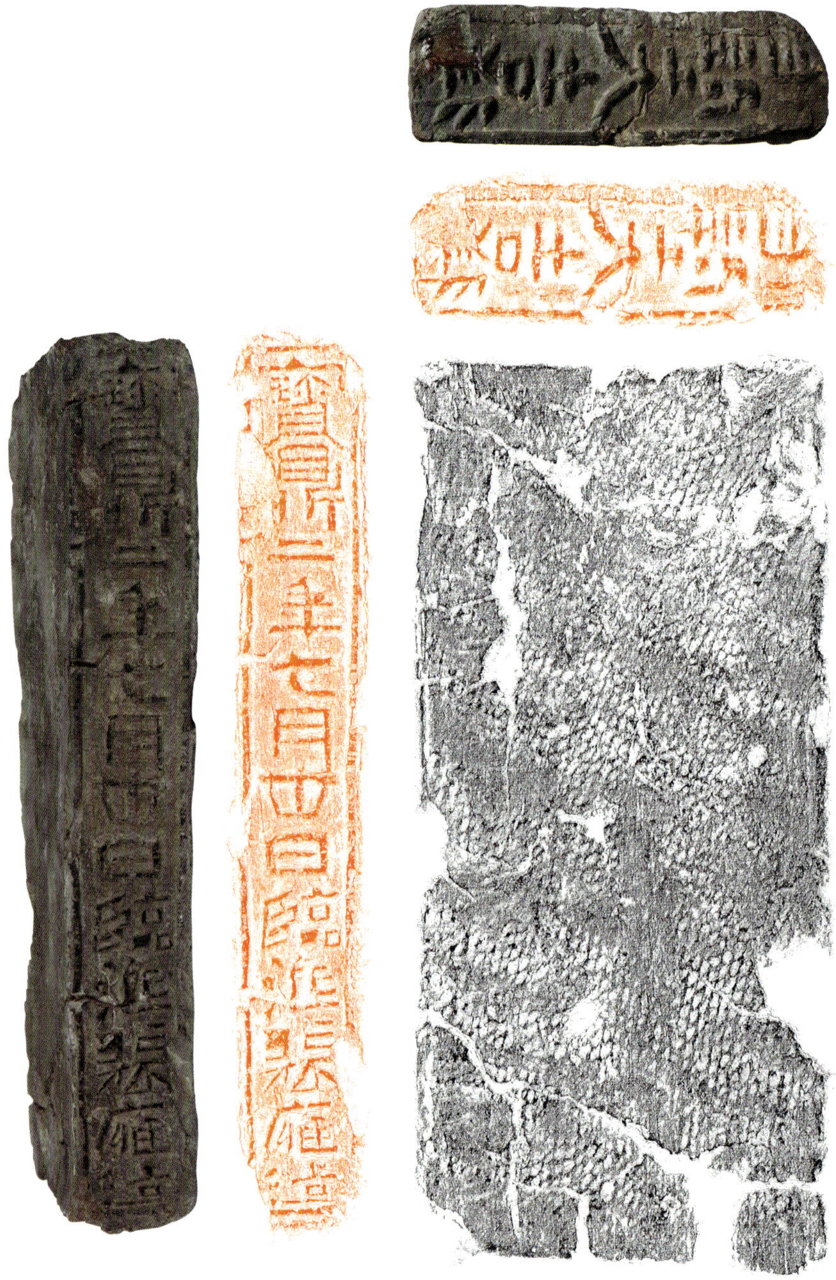

砖　　文：宝鼎二年七月卅日临淮裴雁造 / 作壁大吉祥
时　　代：东吴
出土地点：吴兴区道场乡
尺　　寸：长 34 厘米，宽 16.2 厘米，厚 5 厘米
简　　介：该砖为陆心源《千甓亭古砖图释》卷三著录之砖，陆氏言出乌程三碑乡，即今吴兴区道场乡。

0078

砖　　义：建行二年八月 / 永安三年
纹　　饰：线形纹 / 网格纹
时　　代：东吴
出土地点：湖州市
尺　　寸：长 31 厘米，宽 14.5 厘米，厚 4.4 厘米
简　　介：建行即建衡，是三国时期孙吴孙皓的第四个年号，建衡二年即公元 270 年。永安为三国孙吴景帝孙休年号，永安三年即公元 260 年。本砖两种年号合范，或为旧版新用，或为生卒纪年。

0079

砖　　文：永安三年师丁氏造作万岁安
时　　代：东吴
出土地点：吴兴区
尺　　寸：长 33 厘米，宽 16.5 厘米，厚 3.3—4.5 厘米
简　　介：制砖者丁氏，同出有“永安三年师丁氏造作万岁”“永安四年丁师所作万岁”“永安四年丁师所作万岁永封”等。

砖　　文：太岁在戊辰书万年不讨 / 永安三年七月十日作
纹　　饰：× 纹
时　　代：东吴
出土地点：吴兴区
尺　　寸：长 34.5 厘米，宽 14.5—15.5 厘米，厚 4.5 厘米
简　　介：与上款（0079 号）同出。“万年不讨”，不详何意，似吉语。

0081

砖　　文：永安三年七月十日作

纹　　饰：× 纹 / 菱形纹

时　　代：东吴

出土地点：吴兴区

尺　　寸：长 34 厘米，宽 16 厘米，厚 5 厘米

简　　介：与上款（0080 号）同出。大面素面无纹。

0082

砖　　文：永安四年丁师所作万岁（永封）
纹　　饰：大面蕉叶纹、钱币纹
时　　代：东吴
出土地点：吴兴区
尺　　寸：残长 30 厘米，宽 16 厘米，厚 4 厘米
简　　介：与上款（0081 号）同出。

0083

砖　　文：永安四年丁师所作万岁永封
纹　　饰：大面蕉叶纹、钱币纹
时　　代：东吴
出土地点：吴兴区
尺　　寸：长 32 厘米，宽 15.5 厘米，厚 4 厘米
简　　介：与上款（0082 号）同出。

0084

砖　　文：（永安三年师丁氏造）作万岁永封
纹　　饰：大面蕉叶纹、钱币纹
时　　代：东吴
出土地点：吴兴区
尺　　寸：残长 28 厘米，宽 17 厘米，厚 3.5 厘米
简　　介：与上款（0083 号）同出，书体略异。

0085

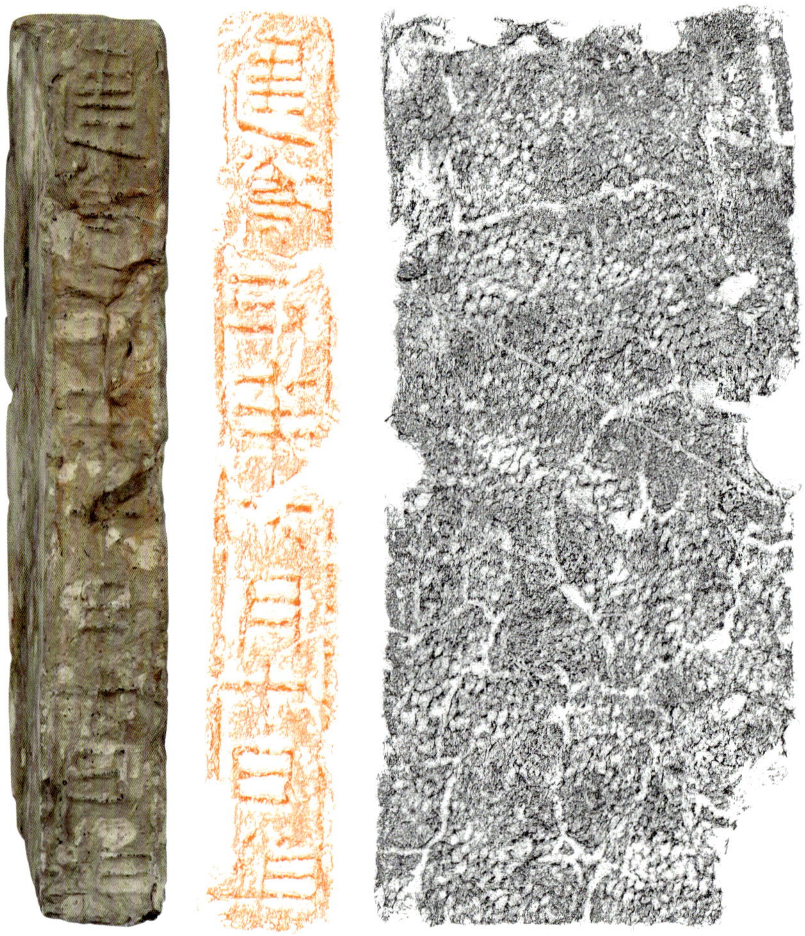

砖　　文：建衡三年七月十日作
时　　代：东吴
出土地点：湖州市
尺　　寸：长 34 厘米，宽 16 厘米，厚 5 厘米
简　　介：建衡三年（271）陶璜与薛珝击败西晋军，克服交趾，擒获西晋所置守将，九真、日南三郡降吴，孙吴重新掌握交州。本砖大面绳纹，胎色浅红褐，砖质疏松。

0086

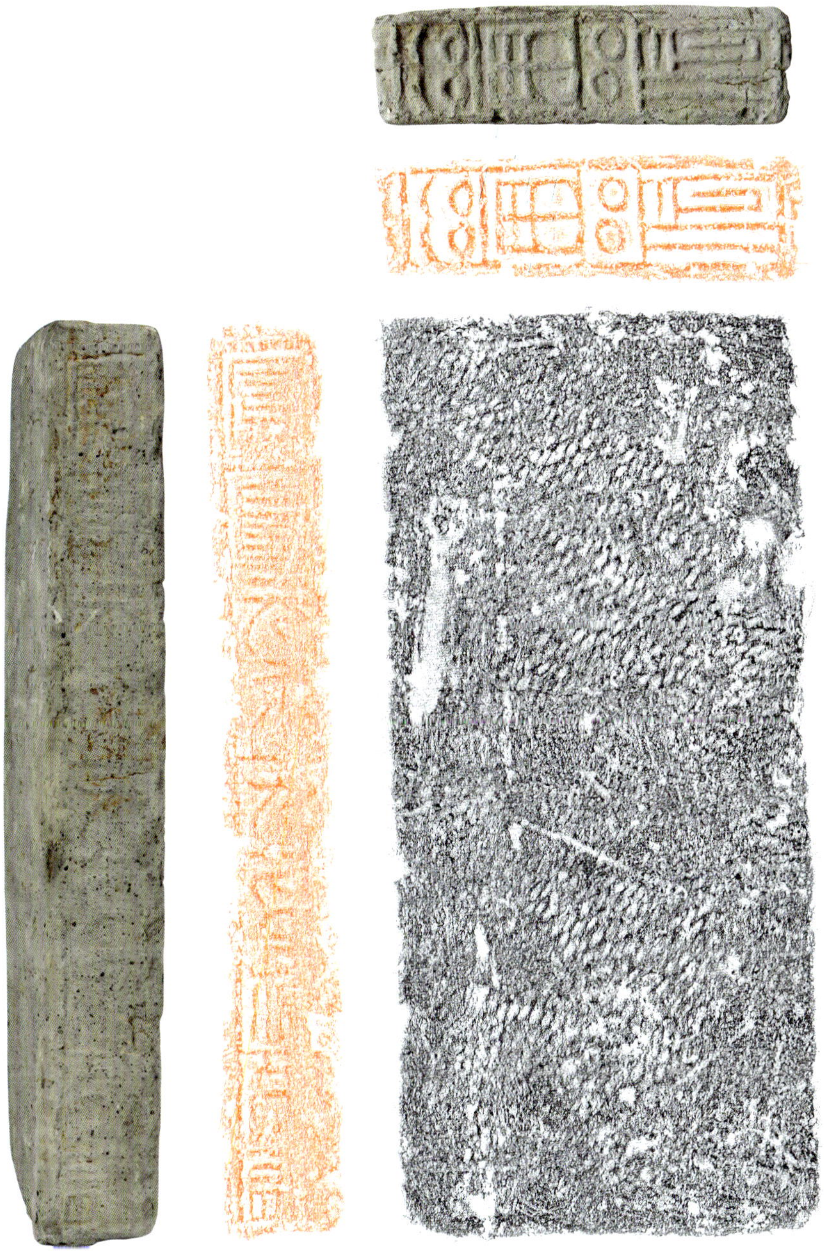

砖　　文：凤凰元年九月范氏造 / 万岁

时　　代：东吴

出土地点：吴兴区八里店西山

尺　　寸：长 35.5 厘米，宽 17 厘米，厚 5 厘米

简　　介：本砖著录于《千甓亭古砖图释》卷三第 97 页。同出尚有端面花纹者。大面绳纹。

0087

砖　　文：天纪元年八月卅日 / 乌程吴 / 万岁

时　　代：东吴

出土地点：吴兴区长超山 M1

尺　　寸：长 32 厘米，宽 15.5 厘米，厚 4.5 厘米

简　　介：篆书，正反书结合。（详见湖州市博物馆：《湖州长超山发现孙吴时期纪年墓》，《东方博物》，2010，第 4 期。）

0088

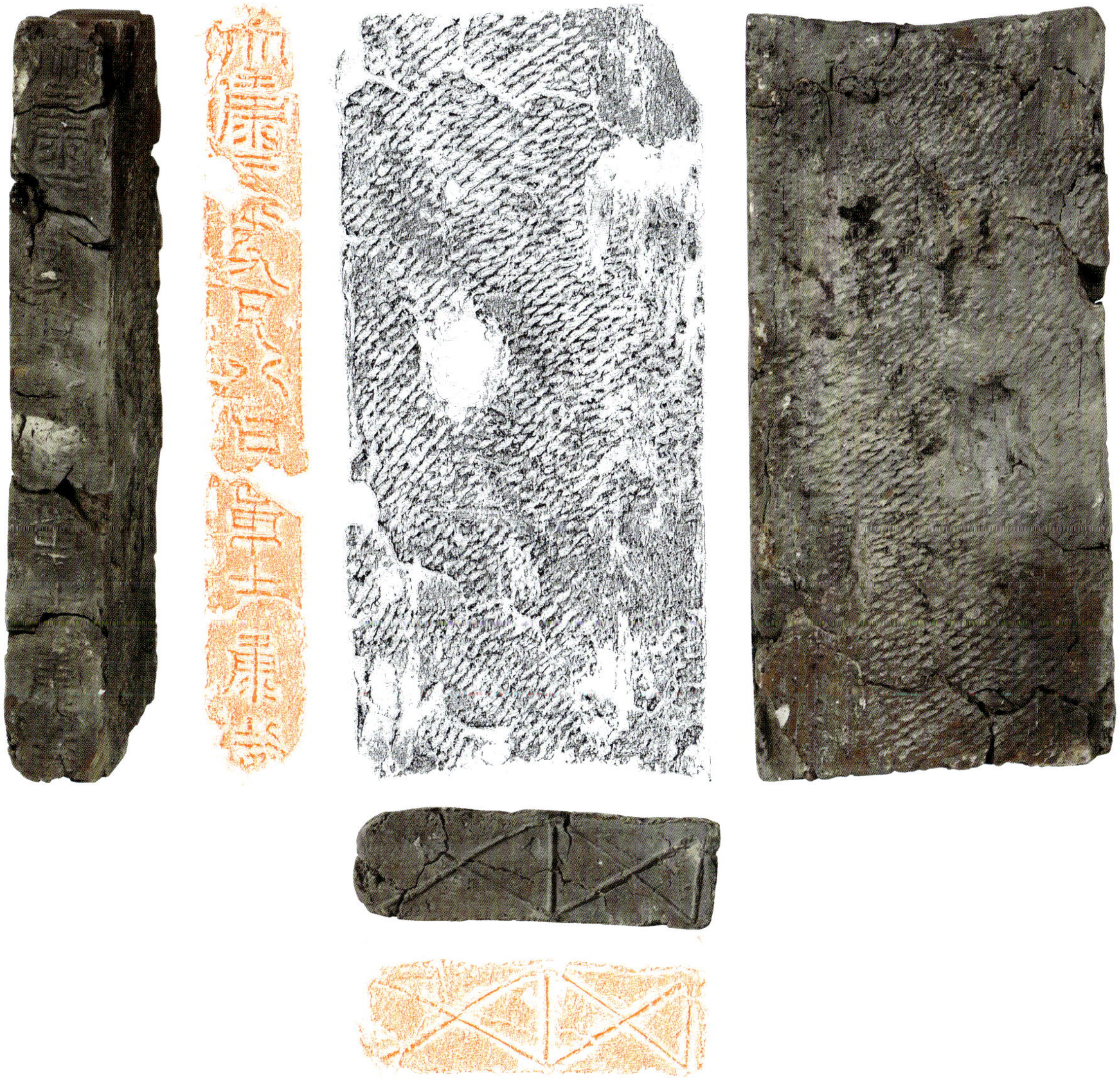

砖　　文：太康二年九月八日章士康造

纹　　饰：× 纹 / 大面墨书

时　　代：西晋

出土地点：吴兴区

尺　　寸：长 29 厘米，宽 14 厘米，厚 4 厘米

简　　介：大面有古人墨笔字迹，极为稀见。章氏为吴兴大姓，至今仍有荻港章氏，名人辈出。太康元年（280）西晋平吴，国家一统，太康又为西晋难得的治世时期。

0089

砖　　文：太康二年岁在辛丑 / 施家甓

时　　代：西晋

出土地点：吴兴区窑墩头

尺　　寸：残长 29 厘米，宽 16.5 厘米，厚 4.5 厘米

简　　介：窑墩头丘氏墓葬有本砖。该种砖在道场山、鹿山、窑墩头皆有出，为施氏家族用砖。施氏为汉末至两晋吴兴的望族，今湖州仍多此姓。

0090

砖　　文：太康三年□杲所造作

时　　代：西晋

出土地点：吴兴区

尺　　寸：长 35 厘米，宽 15.5 厘米，厚 4.5 厘米

简　　介：西晋统一后，有太康之治，故太康年间古砖最多。

0091

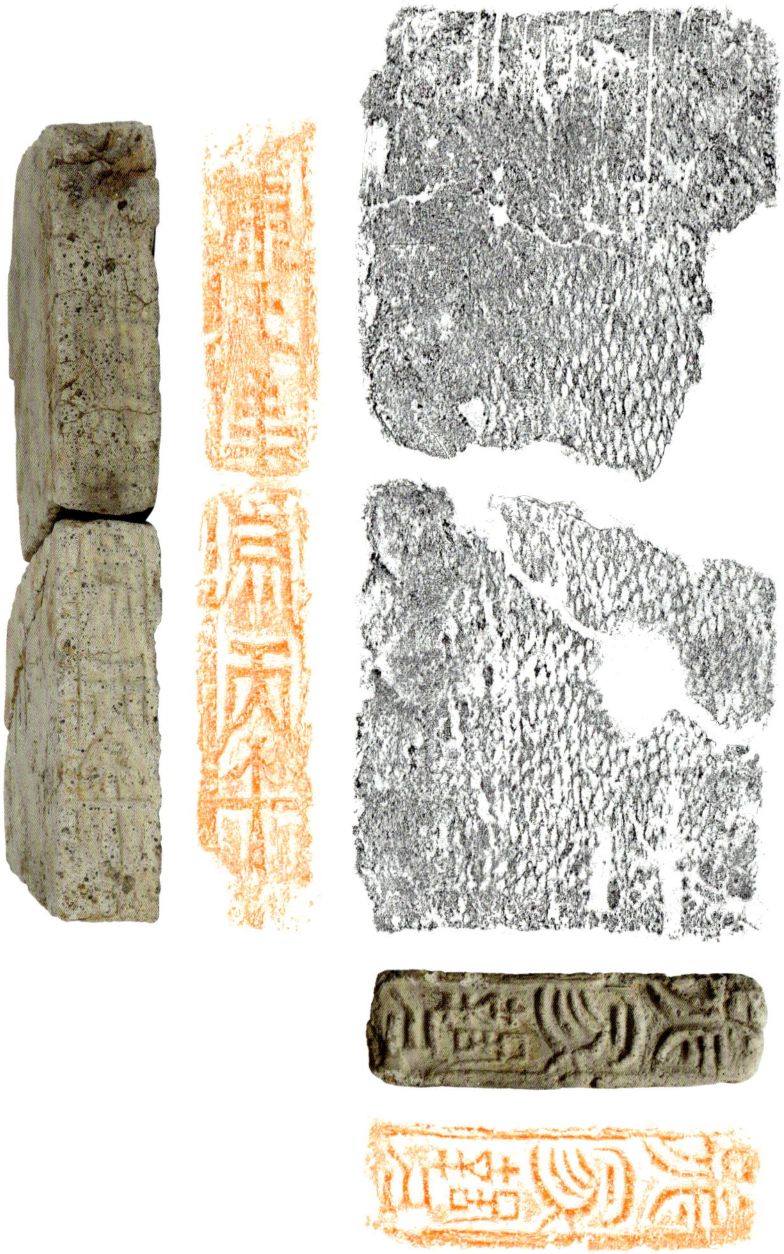

砖　　文：（太）康七年岁丙午 / 施家甓

时　　代：西晋

出土地点：吴兴区窑墩头

尺　　寸：长 34.5 厘米，宽 16.5 厘米，厚 4.5 厘米

简　　介：本砖鹿山曾出同模，尚有“太康六年岁在己巳 / 施家甓”“施氏所作甓”同出，为施氏造作。本砖为窑墩头丘氏家族墓所出，丘氏东吴时有丘俭，随孙权征战江东，因军功卓著而名声大噪，南朝达到鼎盛。西晋早期尚无著名人物。

0092

砖　　文：太康八年八月立 / 丘

时　　代：西晋

出土地点：吴兴区窑墩头

尺　　寸：长 31 厘米，宽 14 厘米，厚 4 厘米

简　　介：与上款（0091 号）同出。丘氏为吴兴大族，与沈、钱、周、施等都是本土武力强宗，南朝时丘大林、丘和、丘临、丘吉、丘翁、丘道护、丘灵鞠、丘迟等都彪炳史籍。

0093

砖　　文：元康元年八月十五日作

纹　　饰：× 纹

时　　代：西晋

出土地点：吴兴区上濠里 M35

尺　　寸：长 31.5 厘米，宽 14.5 厘米，厚 4.5 厘米

简　　介：晋惠帝元康元年（291），西晋王朝发生内乱，“八王之乱”开始。本砖作于农历八月十五，即中秋节。中秋节始于先秦，最后定型于唐朝。

0094

砖　　文：元康元年八月造圹 / 壁师吴兴
纹　　饰：对称纹
时　　代：西晋
出土地点：吴兴区上濠里 M35？
尺　　寸：长 30.5 厘米，宽 14 厘米，厚 5 厘米
简　　介：壁者，砖之古称；师者，工匠尊称；吴兴为吴兴郡。

0095

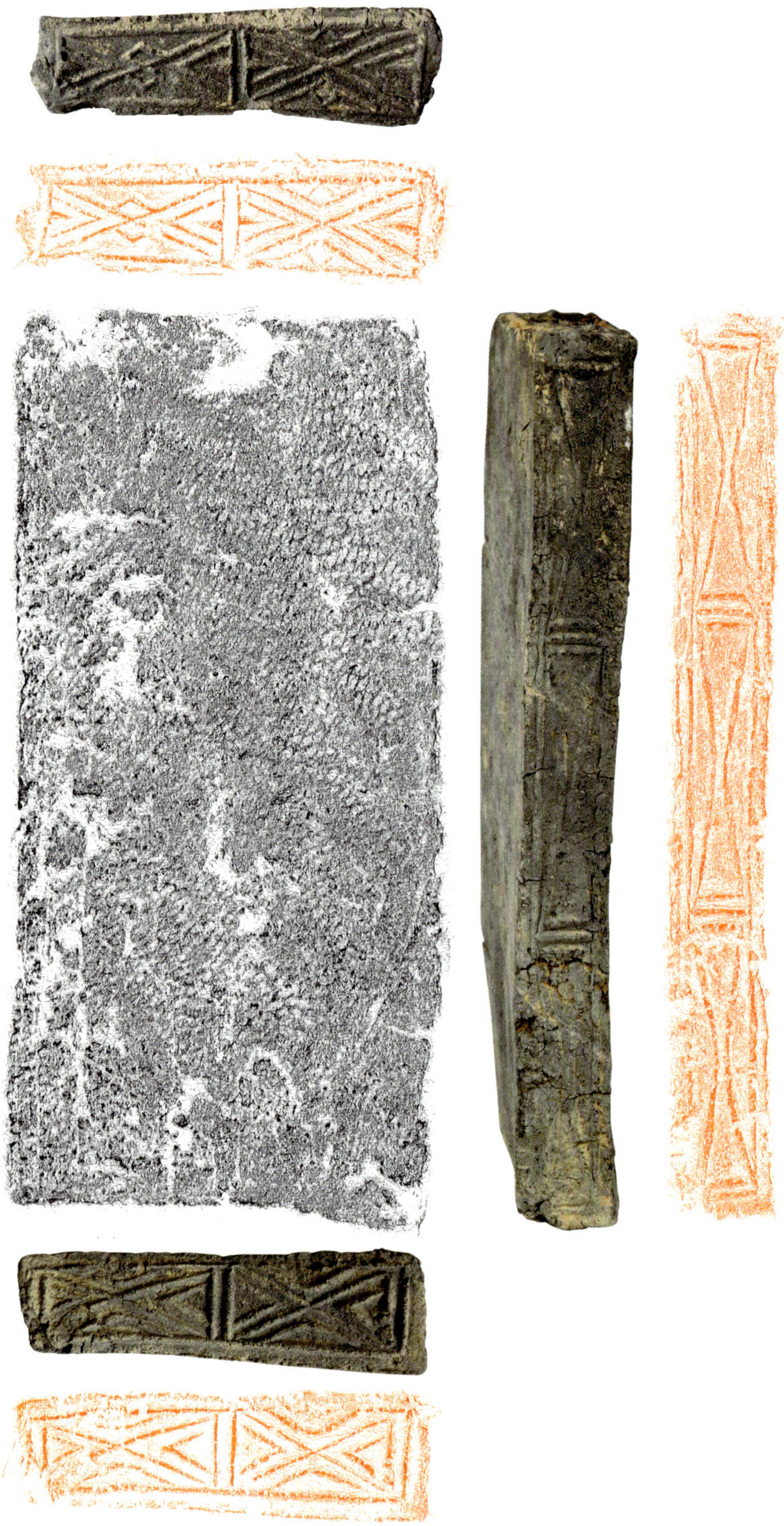

纹　　饰：对称花纹
时　　代：西晋
出土地点：吴兴区上濠里 M64（复 M35）
尺　　寸：长 29.5 厘米，宽 14.5 厘米，厚 3—4 厘米
简　　介：本砖与上款（0094 号）同出。为券顶刀形砖，三面
工皆对称花纹。

0096

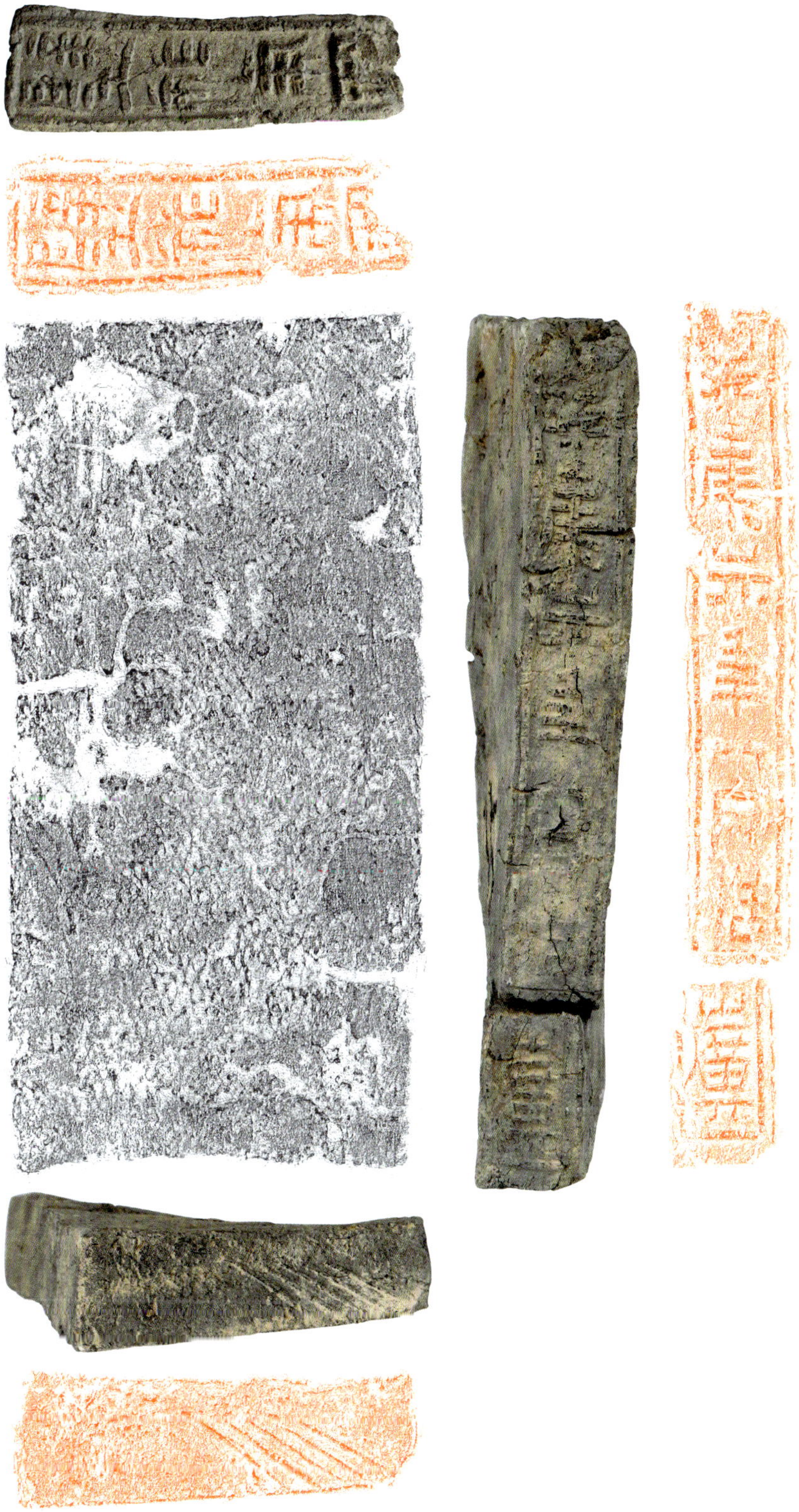

砖　　文：元康元年八月造圹 / 壁师吴兴

纹　　饰：朱雀纹

时　　代：西晋

出土地点：吴兴区上濠里 M35

尺　　寸：长 30 厘米，宽 15 厘米，厚 4—5 厘米

简　　介：与上款（0095 号）同出，券顶刀形砖。

0097

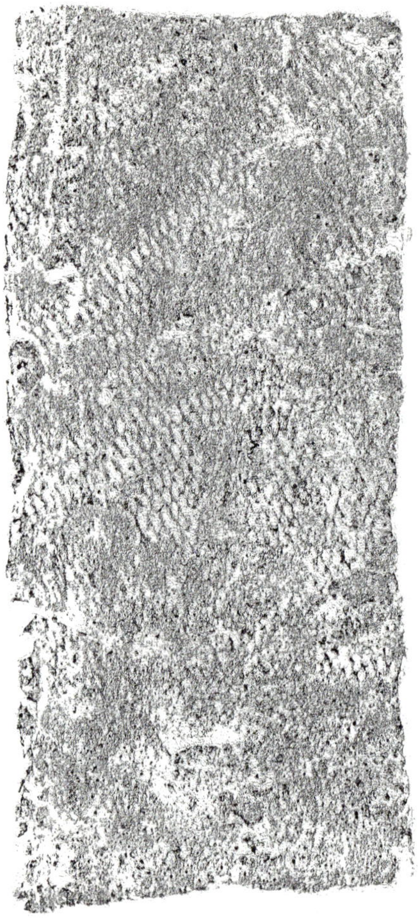

砖　　文：元康元年月作 / 青龙白虎

时　　代：西晋

出土地点：吴兴区上濠里 M35

尺　　寸：长 30.5 厘米，宽 14.5 厘米，厚 5 厘米

简　　介：与上款（0096 号）同出。青龙、白虎为四灵（青龙、白虎、朱雀、玄武）中东、西方守护神。同出上款砖中有朱雀纹，至此“四灵”中玄武图像未出现。

砖　　文：元康三年六月廿七日陈钟纪作富贵宜孙子 / 广德施家作
时　　代：西晋
出土地点：吴兴区
尺　　寸：长 38.5 厘米，宽 16.5 厘米，厚 4—5.5 厘米
简　　介：大面阳文“广德施家作”。陈钟纪为墓主。广德施氏为砖户。本砖可证当时烧造墓砖市场之广。

0099

砖　　文：元康五年葛氏立功 / □天上泉 / 万世吉祥（两砖拼合拓片）

纹　　饰：对称纹

时　　代：西晋

出土地点：吴兴区黄芝山 M1

尺　　寸：长 34 厘米，宽 15 厘米，厚 5 厘米

简　　介：元康五年即公元 295 年。葛氏非吴兴望族，晋永兴元年（304）葛洪加入吴兴太守顾秘的军队，任将兵都尉。这是葛氏在湖州出现的较早记载。

0100

砖　　文：元康五年八月六日作

纹　　饰：方胜纹

时　　代：西晋

出土地点：湖州市

尺　　寸：长 30.5 厘米，宽 14 厘米，厚 4.5 厘米

简　　介：方胜相传为古代汉族神话中西王母所戴的发饰，为两图对称相压，有吉祥之意。

0101

砖　　文：晋元康六年太岁丙辰杨州吴兴长城湖陵乡真定里施晞年卅先君之冢八月十日制作壁垺 / 施晞先君□冢房

纹　　饰：钱币纹、方胜纹、线形纹 / 对称弧形

时　　代：西晋

出土地点：湖州市

尺　　寸：长 40 厘米，宽 17 厘米，厚 6 厘米

简　　介：施为湖州大姓，自东汉末至两晋为湖州望族，湖州现今仍有众多施姓。本砖行政地名描述极为详细，“杨州”即扬州，下辖吴兴郡，“长城”为长兴县古称，“湖陵乡真定里”暂无从考证。

0102

砖　　文：晋元康七年八月丁丑茅山 / 里施博作

纹　　饰：× 纹

时　　代：西晋

出土地点：吴兴区青山村竹桥头

尺　　寸：长 34 厘米，宽 16.5 厘米，厚 5 厘米

简　　介：“丑茅山”三字为拼接。

0103

砖　　文： 元康七年太岁（丁巳）/ 桓□之冢

时　　代： 西晋

出土地点： 吴兴区黄芝山

尺　　寸： 长 35 厘米，宽 18 厘米，厚 5 厘米

简　　介： 桓氏为湖州稀见姓氏，东汉桓荣、曹魏桓范、东晋桓温著称于世。应为北方南迁大族。

0104

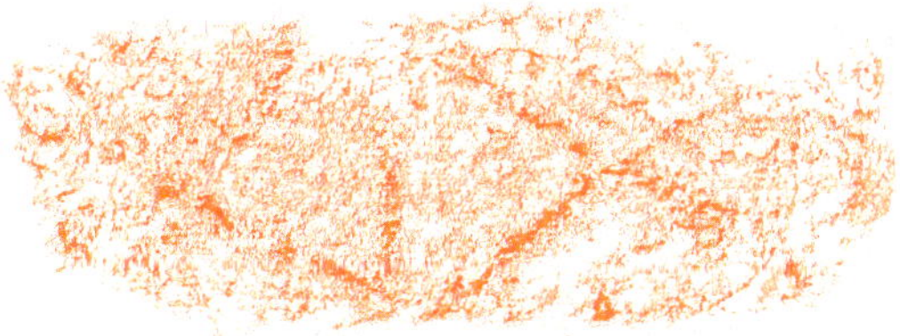

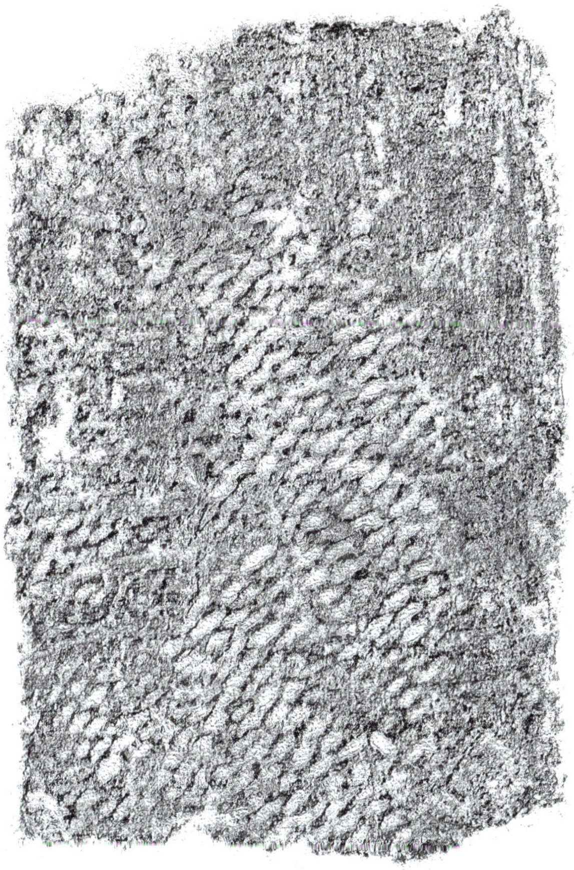

砖　　文：元康七年八月
纹　　饰：× 纹
时　　代：西晋
出土地点：吴兴区
尺　　寸：残长 22.5 厘米，宽 14.5 厘米，厚 4.5 厘米
简　　介：元康七年即公元 297 年，西晋史学家、《三国志》作者陈寿离世，义兴郡周处离世。本砖大面绳纹，胎色红褐，砖质疏松。

0105

砖　　文：元康八年七月廿二日大□

时　　代：西晋

出土地点：吴兴区

尺　　寸：长 32 厘米，宽 15.5 厘米，厚 5 厘米

简　　介：本砖大面两面绳纹，胎色青灰，砖质坚硬。

0106

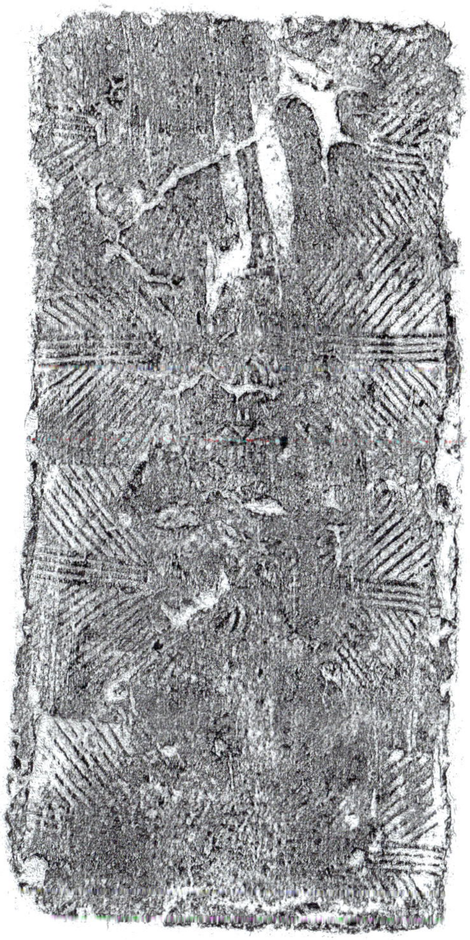

砖　　文：元康九年七月十日 / 不识文

时　　代：西晋

出土地点：吴兴区

尺　　寸：长 31.5 厘米，宽 15.5 厘米，厚 5 厘米

简　　介：《千甓亭古砖图释》卷七第 265 页著录，同出另种著录于卷七第 264 页。其端头末三字作双排，当版模偏小，事先安排不足，故镌刻时作双排完成。大面四钱币纹、蕉叶纹。

0107

砖　　文：永康元年七月卅日陈布

纹　　饰：对称花纹

时　　代：西晋

出土地点：湖州市

尺　　寸：长 36 厘米，宽 18 厘米，厚 6.5 厘米

简　　介：著录于《千甓亭古砖图释》卷八第 284 页，末字陆心源释“希”，凌霞释“布”，当以凌霞之说为确。

0108

砖　　文：永康元年八月十一日张 / 俞菰下人

时　　代：西晋

出土地点：吴兴区上濠里 M52

尺　　寸：长 30 厘米，宽 14 厘米，厚 5 厘米

简　　介：下菰城，楚国春申君封地治所之一，秦汉乌程县治于此。本砖“菰下人”，当为下菰城人。

0109

砖　　文：永宁元年七月十日作 / 太岁在辛酉
时　　代：西晋
出土地点：吴兴区杨家埠
尺　　寸：长 34 厘米，宽 15 厘米，厚 6.5 厘米
简　　介：永宁者，永远安宁，国无动乱。

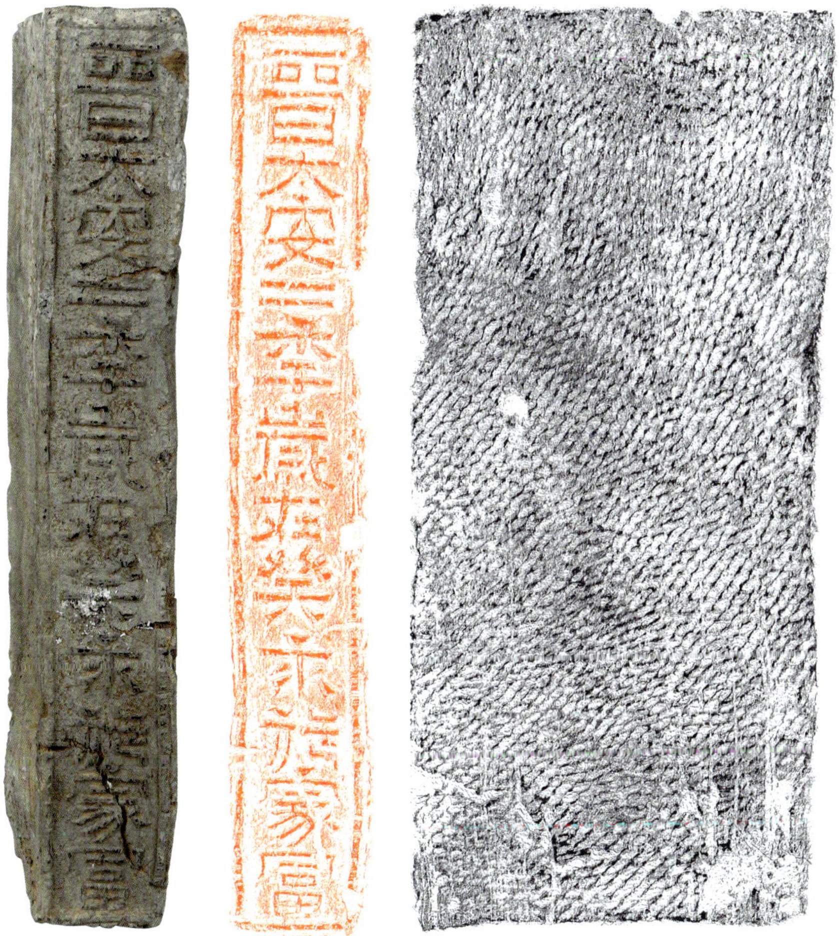

砖　　文：晋太安二年岁在癸亥施家富 / 贵寿万祀

时　　代：西晋

出土地点：吴兴区杨家埠

尺　　寸：长 32 厘米，宽 15 厘米，厚 5 厘米

简　　介：本砖与吴兴移沿山所出“晋太安二年岁在癸亥施氏贵 / 寿宜孙子(《千甓亭古砖图释》卷九第 323 页）”书风一致，当为同一工匠所作。侧面文字与端面文字为连读，书风隶意明显，刊刻精整。施氏为吴兴大姓。

0111

砖　　文：永兴三年润月廿日作 / 岁在壬寅

时　　代：西晋

出土地点：湖州市

尺　　寸：长 39 厘米，宽 17.5 厘米，厚 5 厘米

简　　介：本砖为陆心源旧藏。著录于《千甓亭古砖图释》卷九第 335 页。

0112

砖　　文：永嘉二年八月九日就作壁 / 吴□□□人 / 女之□

纹　　饰：花纹

时　　代：西晋

出土地点：吴兴区窑墩头

尺　　寸：长 32 厘米，宽 15 厘米，厚 4 厘米

简　　介：隶书、反文、四面工。就姓为就赖氏所改，是我国稀见姓氏。另侧“吴”下模糊难辨，似“吴兴乌程人”。

0113

砖　　文：念有悲劳如何 / 太守章

纹　　饰：对称纹 / 鱼纹、线形纹

时　　代：西晋

出土地点：吴兴区窑墩头

尺　　寸：长 32 厘米，宽 15 厘米，厚 4 厘米

简　　介：与上款（0112 号）同出。箴言砖极少见，如“人生世上无几时男儿居世怒力之”“令子贤者在父母率道以椠”“去苦怒力相思”“葬送不劳功名不立莫以今苦以作于邑”。本砖也为箴言系列，“念有悲”者，或有悲天悯人之意；“劳如何”，或有无可奈何之意。

0114

砖　　文：太守章
纹　　饰：对称纹 / 鱼纹、线形纹
时　　代：西晋
出土地点：吴兴区窑墩头
尺　　寸：长 32 厘米，宽 15 厘米，厚 5 厘米
简　　介：与上款（0113 号）同出。太守章，或吴兴太守章氏之意，章氏为吴兴望族。

0115

砖　　文：八月造 / □□作

纹　　饰：对称纹

时　　代：西晋

出土地点：吴兴区窑墩头

尺　　寸：长 33 厘米，宽 15 厘米，厚 4.5 厘米

简　　介：与上款（0114 号）同出。一墓往往有多种古砖，以便数人同时动工，快捷制作。本砖八月所作，也符合古代制砖时令。往往十一、十二月，次年一、二月极少制砖，盖天冷而砖不易干燥且易开裂。

0116

砖　　文：吴兴乌程俞道兄弟 / 永嘉元年八月十日立功 / 俞道初 / 治作之

时　　代：西晋

出土地点：吴兴区宋家墩

尺　　寸：长 34 厘米，宽 15 厘米，厚 5 厘米

简　　介：本砖由俞道初兄弟所作，或兄弟二人信仰道教，故如王羲之、王献之父子一样，名中有道教信仰之含义。反文。

0117

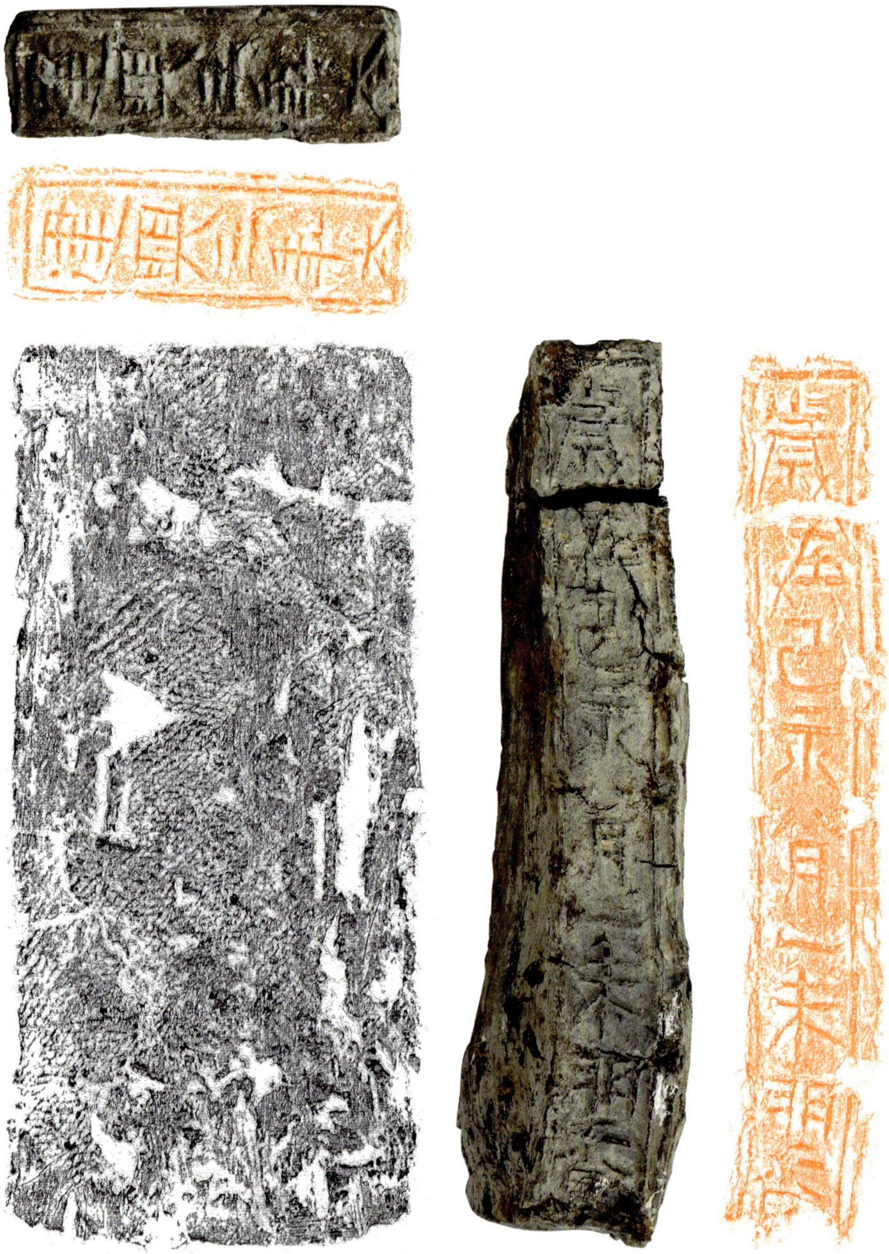

砖　　文：岁在乙亥八月乙未朔六日 / 建兴三年太

时　　代：西晋

出土地点：吴兴区

尺　　寸：长 31.5 厘米，宽 15 厘米，厚 5 厘米

简　　介：建兴三年，即公元315年，干支记岁为乙亥年，又干支可记月、记时，故有八月乙未朔。是砖过烧变形严重。

0118

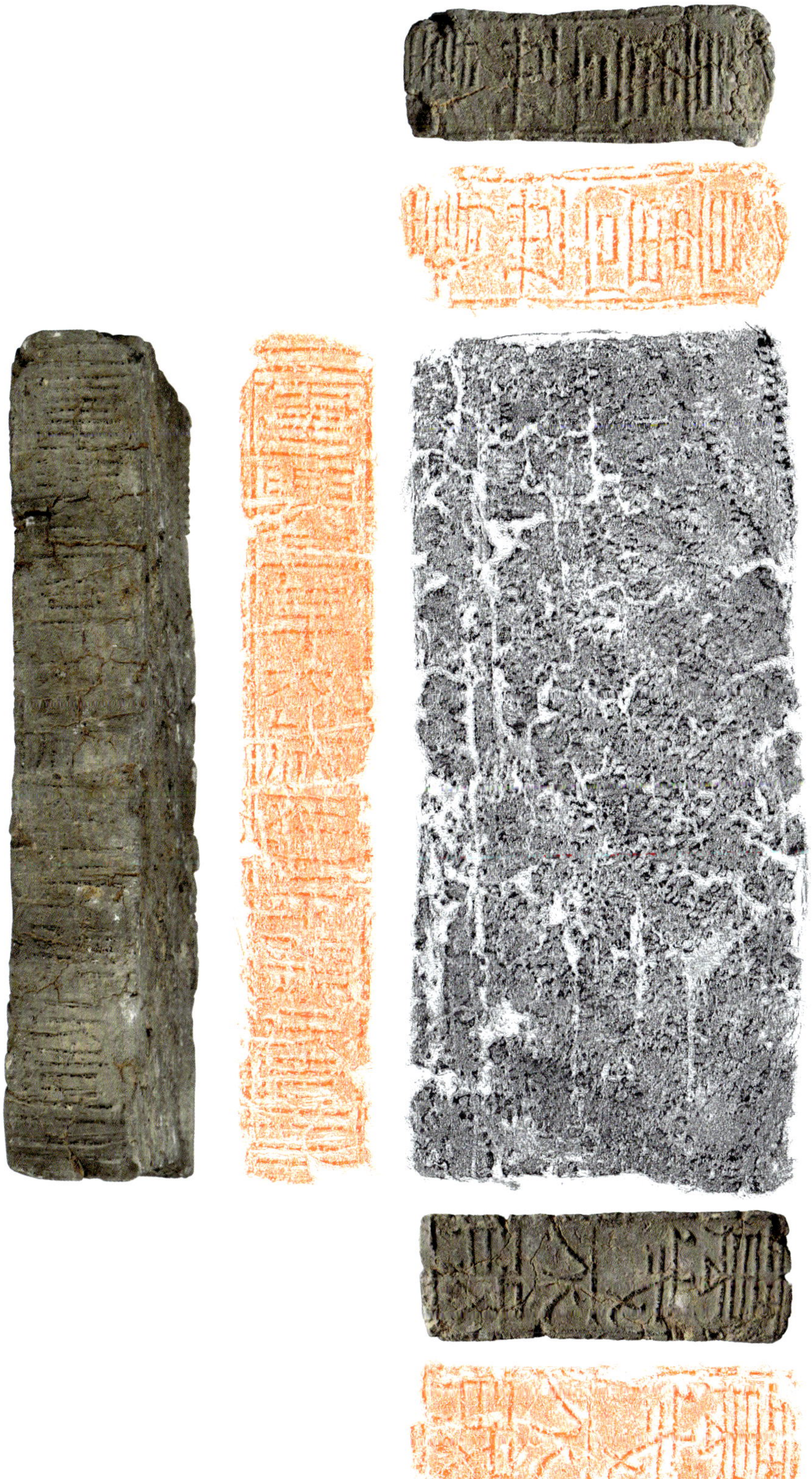

砖　　文：建兴三年太岁在乙亥孙氏造 / 传世富贵 / 万岁不败

时　　代：西晋

出土地点：吴兴区

尺　　寸：长 34.2 厘米，宽 16.2 厘米，厚 6 厘米

简　　介：砖文隶书，方正浑厚，字作正书。湖州古砖单面工或双面工较多，三面及以上者极少，因制作多面工费时费力。

0119

砖　　文：司马□□ / 万岁

时　　代：西晋

出土地点：吴兴区白龙山

尺　　寸：长 33 厘米，宽 15.5 厘米，厚 5.5 厘米

简　　介：司马，两晋国姓，为中国汉族传统复姓之一。又为官职名称，西周始置，司马、司徒、司空并称“三司”。

0120

砖　　文：寿万年长子孙费

时　　代：西晋

出土地点：吴兴区

尺　　寸：长 30.5 厘米，宽 14 厘米，厚 5 厘米

简　　介：费姓为吴兴大姓，道场山旧有三碑乡，即东汉三费碑：《梁相费汎碑》《堂邑令费凤碑》《费凤别碑》，此三碑也为浙中最早，旧时置于墨妙亭，现已佚失。（《两浙金石志》卷一，第 9—12 页）

0121

砖　　文：王儿
纹　　饰：简易菱形纹 / 线形纹、方胜纹
时　　代：西晋
出土地点：吴兴区
尺　　寸：长 28 厘米，宽 14 厘米，厚 3.5—4.5 厘米
简　　介：“王儿”或为姓名，或为王姓之子。

0122

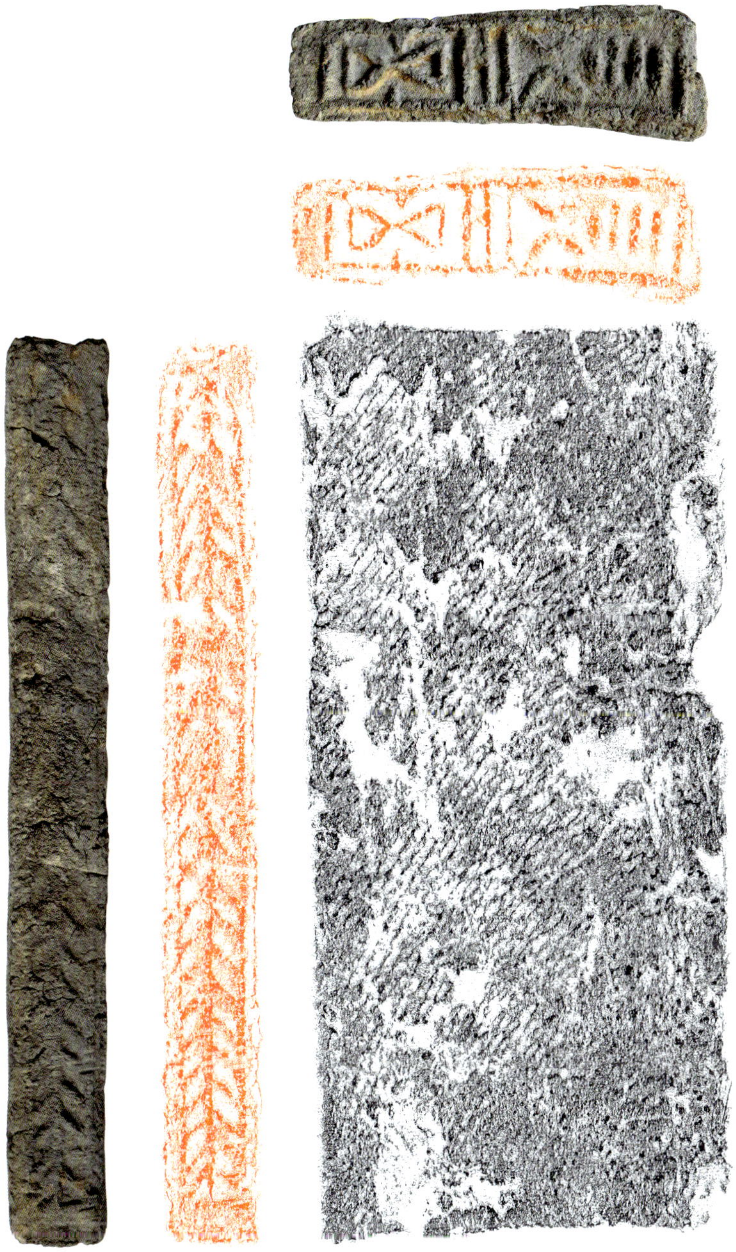

纹　　饰：麦穗纹 / 线形纹、方胜纹

时　　代：西晋

出土地点：吴兴区

尺　　寸：长 29.5 厘米，宽 14 厘米，厚 3—4.5 厘米

简　　介：与上款（0121 号）同出，纹饰有对称之美。

0123

砖　　文：大
时　　代：西晋
出土地点：吴兴区
尺　　寸：残长 22 厘米，宽 16 厘米，厚 7 厘米
简　　介：端面“大”字，或制砖有大小不同尺寸，用于不同地方。

0124

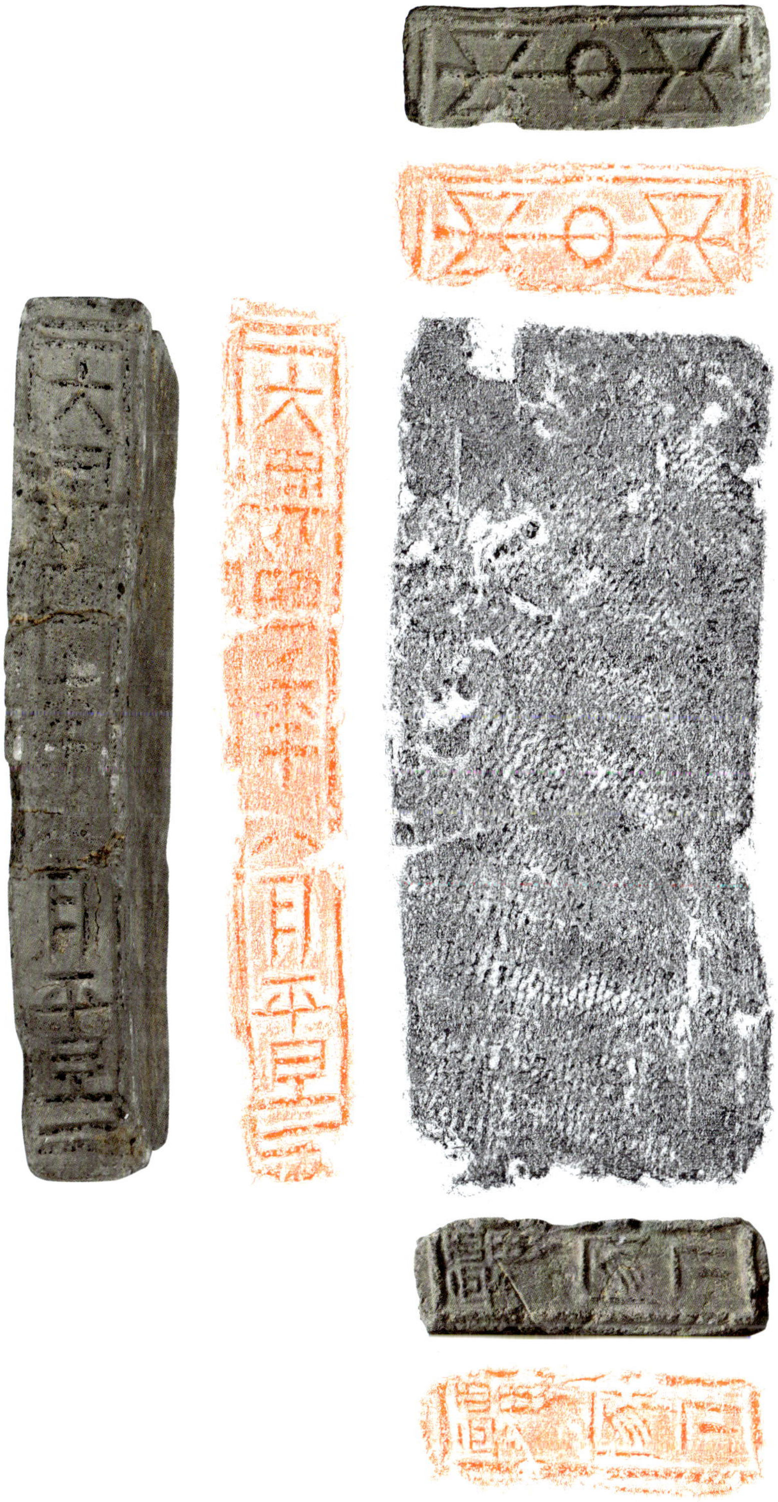

砖　　文：太兴四年八月平旦 / 谭家人
纹　　饰：方胜纹
时　　代：东晋
出土地点：吴兴区
尺　　寸：长 31 厘米，宽 14.5 厘米，厚 5 厘米
简　　介：“平旦”一词起源于汉代，为十二时辰中的一个时间节点，约相当于现今凌晨，天刚放亮，介于鸡鸣与日出之间。

0125

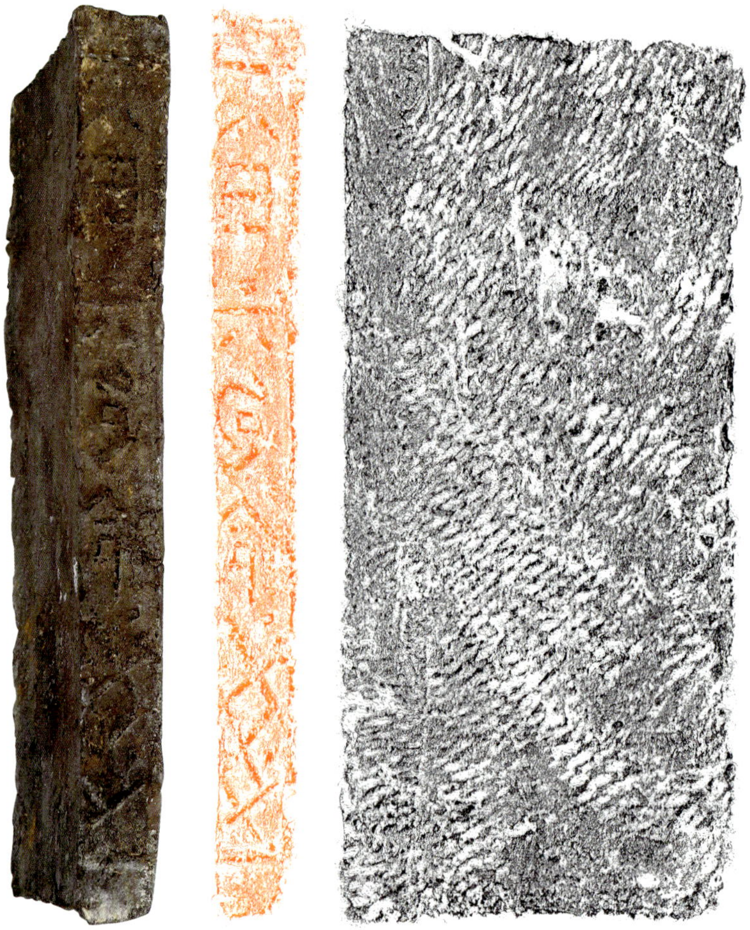

砖　　文：暂释读为“太兴六包俞”

纹　　饰：简易菱形纹

时　　代：东晋

出土地点：吴兴区上濠里 M16/17

尺　　寸：长 30.5 厘米，宽 14 厘米，厚 3 厘米

简　　介：铭文不甚清晰，或为“八月六包令”。包氏为湖州望族。

0126

砖　　文：咸和六年岁在丙卯王氏

时　　代：东晋

出土地点：吴兴区八里店西山

尺　　寸：长 37 厘米，宽 9—18 厘米，厚 5.5 厘米

简　　介：梯形砖，字无界格边框，篆书，但已初具楷书笔味。咸和是晋成帝司马衍的年号之一，共计九年。咸和六年（331）为辛卯年。

0127

砖　　文：咸和八年八月廿日诸作 / 郭立功
纹　　饰：花纹
时　　代：东晋
出土地点：吴兴区
尺　　寸：长 31 厘米，宽 15 厘米，厚 4.5 厘米
简　　介：本砖为诸氏作郭（古同“埻”，棺椁墓室之意），立功即做功建造之意。

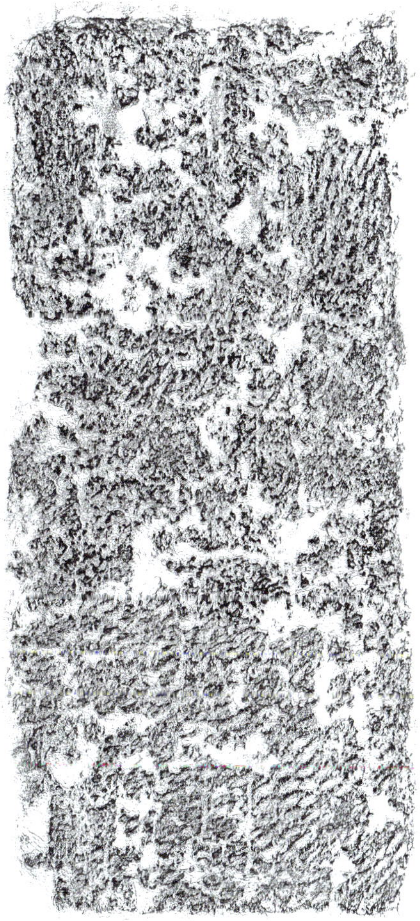

砖　　文：永和四年清（公）所作

纹　　饰：× 纹、窗棂纹

时　　代：东晋

出土地点：吴兴区

尺　　寸：长 31 厘米，宽 15 厘米，厚 4 厘米

简　　介：湖州所出墓砖中，永和年号较少。反文。

0129

砖　　文：晋升平五年岁在辛酉六月丙寅朔廿五日庚寅卒

时　　代：东晋

出土地点：吴兴区杨家埠五子墩

尺　　寸：长 30 厘米，残宽 11—18 厘米，厚 4.5 厘米

简　　介：本砖为丘混墓砖，详见邱鸿炘《记丘混墓砖铭的发现》。砖文楷书。详细出土地点为湖州西部原弁南乡罗家浜村红山岗顶部，距离老火车站 300 米。在此处发现墓砖十一种，其中七种文字砖，有“晋故尚书郎吴兴乌程西乡千秋里丘混卅七字元成之墓”“晋故尚书郎丘混之墓”等。本砖证明了东晋末楷书的成熟。

0130

砖　　文：晋故尚书郎丘混之墓
时　　代：东晋
出土地点：吴兴区杨家埠五子墩
尺　　寸：长 34 厘米，宽 14—20.5 厘米，厚 5 厘米
简　　介：与上款（0129 号）同出。梯形砖，字作正书，无界格及边框。

0131

砖　　文：晋故尚书郎丘混之墓

时　　代：东晋

出土地点：吴兴区杨家埠五子墩

尺　　寸：残长 28 厘米，残宽 15.5 厘米，厚 4.5 厘米

简　　介：与上款（0130 号）同出。梯形砖，字作反书，无界格及边框，字形略小。

砖　　文：兴宁二年癸亥之岁 / 万年

纹　　饰：× 纹

时　　代：东晋

出土地点：吴兴区

尺　　寸：长 31.5 厘米，宽 13.5 厘米，厚 4.5 厘米

简　　介：兴宁是晋哀帝司马丕的第二个年号，共计三年。兴宁二年（364），司马丕相信方术之士的话，迷上了长生术，按照道士传授的长生法，“断谷、服丹药（不吃饭，只吃丹药）”，以求长生不老。兴宁三年（365）二月，司马丕中毒死于建康，终年 25 岁。兴宁元年（363）应是癸亥之岁，兴宁二年应是甲子之岁，工匠制版或有记错。或可直接释读为兴宁元年癸亥之岁。

0133

砖　　文：晋泰和元年丙寅岁何氏作

纹　　饰：三钱币纹 / 钱币纹、对称纹

时　　代：东晋

来　　源：朱兴林先生捐赠

尺　　寸：长 31 厘米，宽 15 厘米，厚 5 厘米

简　　介：是年为公元 366 年。砖文“泰和”即“太和”，古代砖文“泰”“太”“大”时常通用。

0134

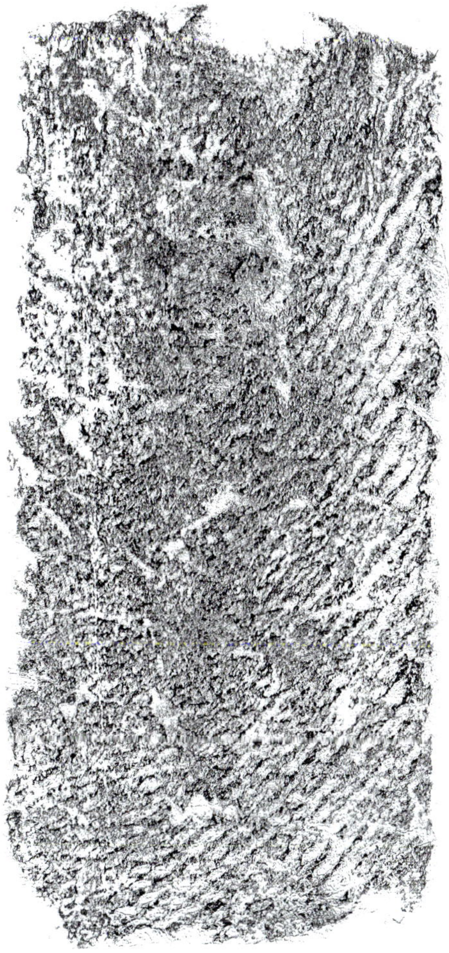

砖　　文：晋义熙二年八月八日马司徒作 / 其年大司马□□□印

时　　代：东晋

出土地点：吴兴区云巢乡

尺　　寸：长 31 厘米，宽 14.5 厘米，厚 5 厘米

简　　介：司徒，三公之一。大司马，魏晋时为上公之一，位在三公之上，第一品，常与大将军并为“二大”。本砖司徒作（按下级常为上级送故营葬，可知墓主位当在司徒之上），“大司马”亦出现，可见规格之高。反文。

0135

砖　　文：元嘉十三年作

时　　代：南朝宋

出土地点：湖州市

尺　　寸：长 29.5 厘米，宽 15 厘米，厚 5 厘米

简　　介：湖州南朝年号砖已近稀松零落，进入隋唐，几乎见不到铭文砖了。反文。

0136

砖　　文：齐永明二年甲子岁

时　　代：南朝齐

出土地点：吴兴区杨家埠窑墩头

尺　　寸：长 32 厘米，宽 16 厘米，厚 5 厘米

简　　介：南朝齐萧赜在位期间出现的治世时期被称为“永明之治”。反文。

0137

砖　　文：丘府君墓

时　　代：南朝齐

出土地点：吴兴区杨家埠窑墩头

尺　　寸：长 31 厘米，宽 15 厘米，厚 5 厘米

简　　介：与上款（0136 号）同出。吴兴丘氏在南朝极为兴盛。反文。

砖　　文：四百卌口

时　　代：唐宋时期

出土地点：吴兴区

尺　　寸：长 24 厘米，宽 12 厘米，厚 3 厘米

简　　介：湿刻计数数字，当为工匠制砖时点数，信手刻划在砖体之上。

0139

砖　　文：比丘尼道如舍

时　　代：唐宋时期

出土地点：吴兴区飞英塔

尺　　寸：残长 37 厘米，宽 17 厘米，厚 6.5 厘米

简　　介：本砖为飞英塔建构用砖。飞英塔为一座八边形七层楼阁式塔。由内外两塔组成，内塔为石雕小塔，外塔为砖壁木檐，始建于唐中和四年（884）至唐乾宁元年（894），原名为“舍利石塔”，后取佛经“舍利飞轮英光普照”之意，将“舍利石塔”改名为“飞英塔”，沿用至今。

纹　　饰：人物像
时　　代：唐宋时期
出土地点：吴兴区飞英塔
尺　　寸：残长 22 厘米，宽 19 厘米，厚 5 厘米
简　　介：与上款（0139 号）同出，钤印人物于砖端面。

0141

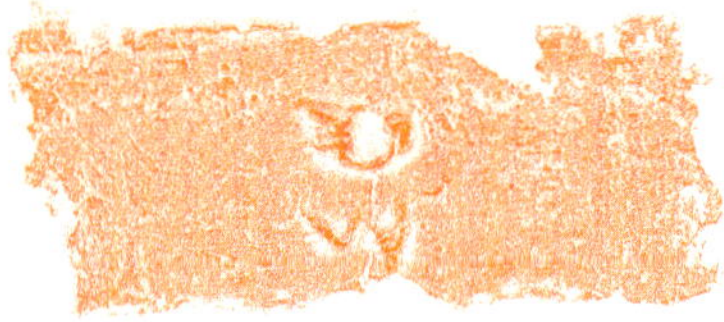

砖　　文：孙
时　　代：唐宋时期
出土地点：吴兴区
尺　　寸：长 37 厘米，宽 17 厘米，厚 6.5 厘米
简　　介：素面砖，端面有一“孙”字，当为姓氏砖。

砖　　文：丘
时　　代：宋代
出土地点：吴兴区
尺　　寸：残长 23 厘米，宽 15 厘米，厚 7 厘米
简　　介：丘氏为吴兴望族。

0143

砖　　文：左武
时　　代：宋代
出土地点：湖州子城城砖
尺　　寸：长 38.5 厘米，宽 19 厘米，厚 6.2 厘米
简　　介：本砖或为部队制砖。左武卫，简称左武，军事机构。

0144

砖　　文：故宛平县丞胡公墓志铭
时　　代：明代
出土地点：吴兴区
尺　　寸：高 31 厘米，上宽 31.5 厘米，下宽 30.5 厘米，厚 4.5 厘米
简　　介：篆书，阴刻。边线呈圭形。

0145 正

砖　　文：故胡公墓志铭（正面）
时　　代：明代
出土地点：吴兴区
尺　　寸：高 31 厘米，宽 31 厘米，厚 4.5 厘米
释　　文：故宛平县丞胡公墓志铭

湖州府通判杨和书丹

吏部司务程羽篆额

公讳敬，字敬宗，姓胡氏，世为德清人。曾祖，祖元照略，典史，以能称；父忠，有隐德；母蔡氏。公奉义方，贤学知道，才识通明，好书札，性犹鲠直。永乐丁酉，浙藩闻其贤，辟为佐史。三年，又为长史。三年勤劳簿书，未尝有过，大官深器重之。越两考，从事都察院。未几，选同监察御史陈公敏按苏、松，奉宪矩如奉藩事，然勤慎倍之，陈大信服。既竣事，钦差同太子少保、右都御史刘瓘清理河道，大保公托以心膂，事无巨细，悉委任之。公益加勤慎，复为刘所信服。宣德辛亥，授六合丞。会军民以田土斗讼者，状建□□年不断，上司委公鞠治，公断以义，谕以理，讼者……金其□□。有以公剪制字进□上，上大悦，□□见顺天府大兴丞，日在

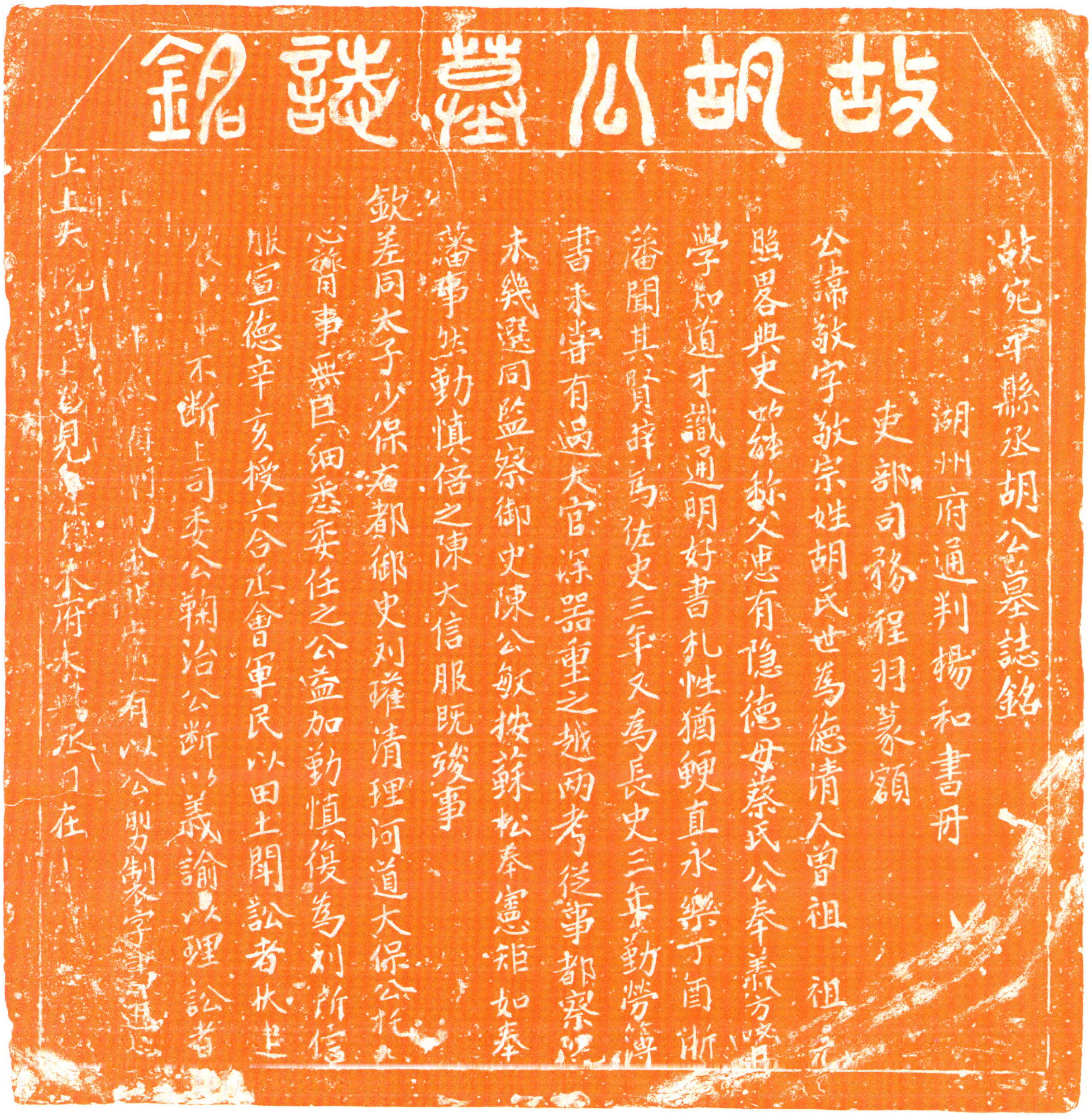
故胡公墓誌銘

故宛平縣丞胡公墓誌銘
湖州府通判揚和書丹
吏部司務程羽篆額
公諱敬字敬宗姓胡氏世為德清人曾祖 祖元
照磨典史考維新父思有隱德母蔡氏公奉義方啓由
学知道才識通明好書札性猶鯁直永樂丁酉浙
藩聞其賢辟為佐史三年又為長史三年勤勞簿
書未嘗有過大官深器重之越兩考從事都察院
未幾選同監察御史陳公敏按蘇松奉憲矩如奉
藩事然勤慎倍之陳大信服既竣事
欽差同太子少保兼都御史劉璉清理河道大保公於
心膂事無巨細悉委任之公益加勤慎俊為刘所信
服宣德辛亥授六合丞會軍民以田土鬪訟者狀上
不斷上司委公鞫治公斷以義諭以理訟者

0145 背

砖　　文：（故胡公墓志铭）（背面）

时　　代：明代

出土地点：吴兴区

尺　　寸：高 31 厘米，宽 31 厘米，厚 4.5 厘米

释　　文：内殿治书札，中贵人典，宠遇特异，锡予甚厚。宣德承调宛平。丙亲恩，陈情乞分俸于家，以供祭祀。正统丙辰，上疏乞骸骨，归乡里，倘佯不寿不问家有无兴耀巳典公之，礼也。右其生平，行事所善者不逑概如。岁辛酉，虽有微，起居如常。是年六月八日，命长幼，嘱曰：吾仕宦有年，殊无归正丘首，足矣。越明日，卒于正寝。享年六十有九。娶何氏，再娶许氏，侧室沈氏。子男二：长曰英，何氏出也；次曰□。女二：曰玉清，曰嘉清。孙男一：曰顺孙。孙女二人。英，读书达理，道才略，慷慨有父风，日持状来请铭。呜呼！使世之君子，皆公其人也，风俗得无厚乎？铭曰：才识通明，始丞六合，终升宛平。蒙被天恩，眷宠荣。倦而归休，鸿飞冥冥。王之阳，载卜佳城。德愔不昧，子其。

正统九年甲子，二月既望，三山陈况撰。

0146

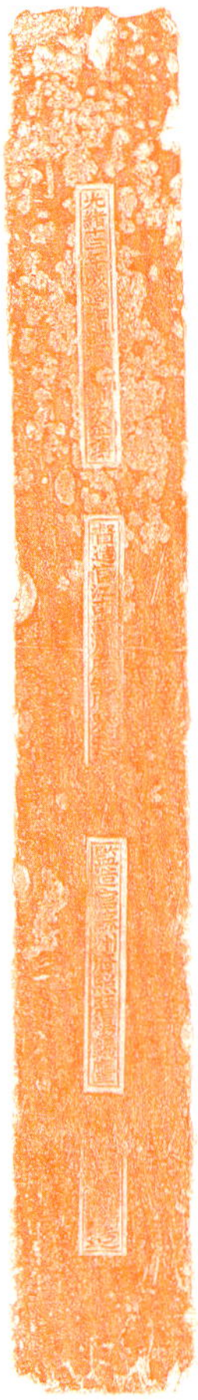

砖　　文：光绪十三年成造细料二尺二寸见方金砖。督造官江南苏州府知府□□。监造官江南苏州府照磨杨锡麐。/ 祥 / 造

时　　代：清代

出土地点：吴兴区

尺　　寸：高 71 厘米，宽 71 厘米，厚 9.5 厘米

简　　介：清光绪十三年（1887）金砖。四款印章。前三款为长方形，第四款为圭形。

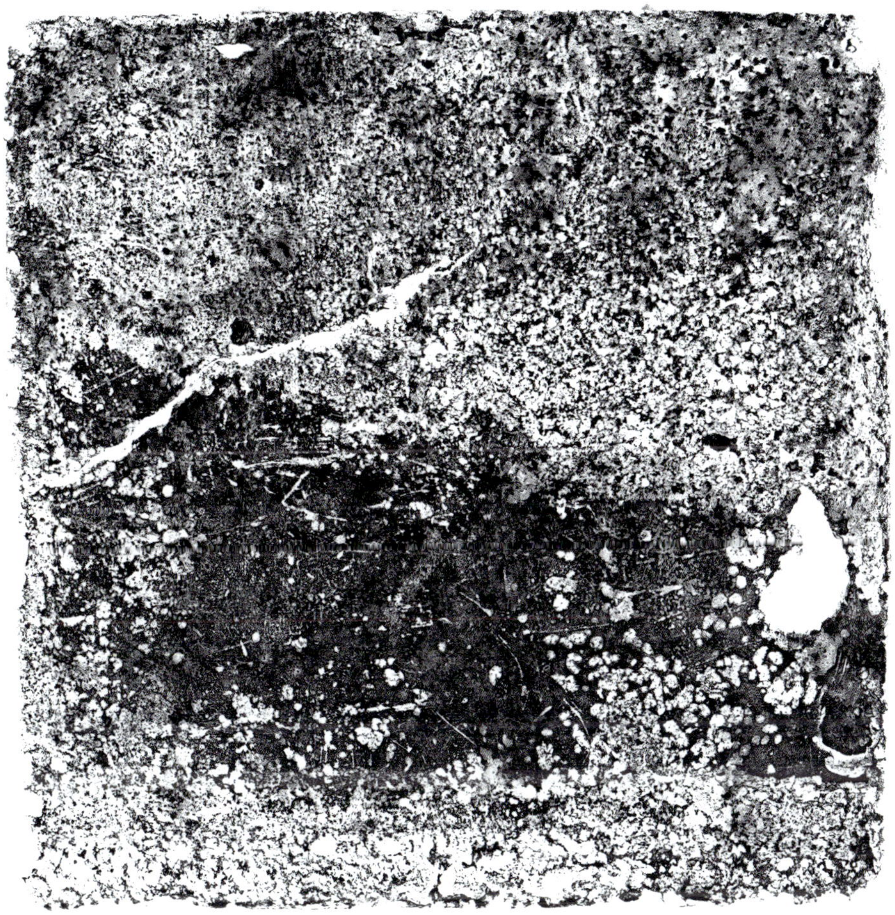

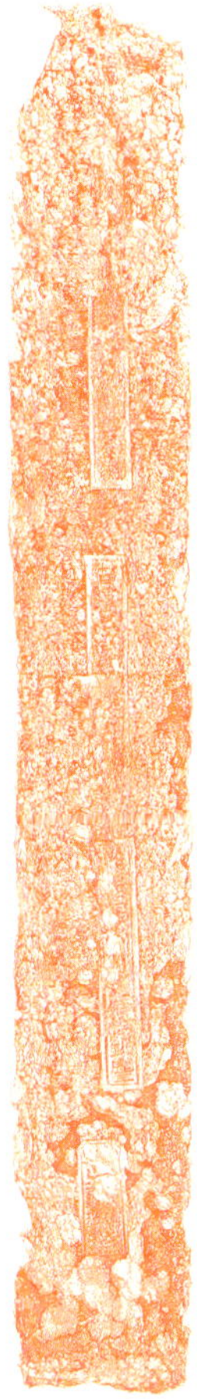

砖　　文：宣统元年……金砖……

时　　代：清代

出土地点：吴兴区

尺　　寸：高 71 厘米，宽 71 厘米，厚 9.5 厘米

简　　介：清宣统元年（1909）金砖。四款印章。前三款不详。推测同 0148 号。

0148

砖　　文：宣统元年（成）造细料二尺二寸见方金砖。督造官江南苏州府知府何刚德。监造官江南苏州府知事戴尔恒照磨姚定信。大三甲李柏生造

时　　代：清代

出土地点：吴兴区

尺　　寸：高 72 厘米，宽 72 厘米，厚 9 厘米

简　　介：清宣统元年（1909）金砖。四款印章。前三款为长方形，第四款为圭形。

纹　　饰：神人兽面纹画像

时　　代：东汉

出土地点：湖州市

尺　　寸：长 34 厘米，宽 32 厘米，厚 5.5 厘米

简　　介：本砖神人兽面纹。倒梯形人脸，双目圆睁，龇嘴獠牙，嘴侧有须毛（神兽纹），鼻梁呈牙璋形，眉上各有鸟纹、龙纹（蛇纹），鼻端有菱形纹、双云纹，象征天极神界，传说具有上天入地的特殊神通。

0150

纹　　饰：天马、朱雀、钱币、鱼、玉兔捣药纹

时　　代：东汉

出土地点：吴兴区

尺　　寸：长 42 厘米，宽 20.8 厘米，厚 5.3 厘米

简　　介：天马奔驰迅捷；朱雀也可背负升仙；中间钱币纹；并有鱼纹，鱼有多子多福的寓意，又可化龙，亡人踩鱼背可安渡弱水；还有玉兔捣药纹，玉兔为西王母身侧常见灵兽，得神药可让人得道升仙。整幅场景描述的皆是瑞兽协助升仙的意境。

0151

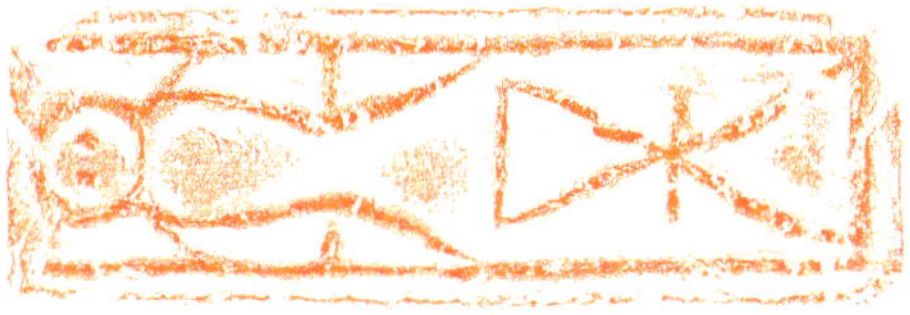

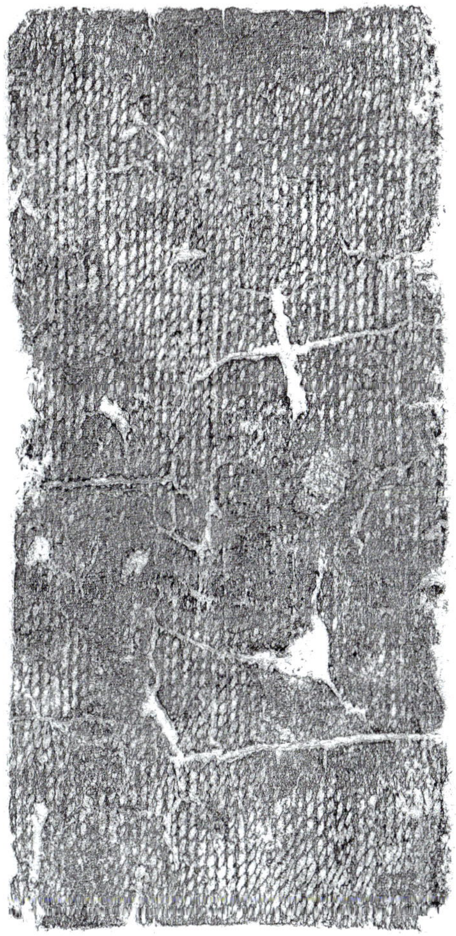

纹　　饰：窗棂纹、三角纹、方胜纹、钱币纹 / 人形纹、方胜纹

时　　代：东汉

出土地点：湖州市

尺　　寸：长 36 厘米，宽 17 厘米，厚 5 厘米

0152

纹　　饰：三角纹、对称线形纹 / 对称 × 纹、钱币纹
时　　代：东汉
出土地点：湖州市
尺　　寸：长 43.5 厘米，宽 22 厘米，厚 6.5 厘米
简　　介：对称布局。本砖尺寸体量大。

纹　　饰：梳纹、麦穗纹、窗棂纹、方胜纹 / 鱼纹
时　　代：汉晋时期
出土地点：湖州市
尺　　寸：长 31 厘米，宽 14 厘米，厚 4—5 厘米
简　　介：鱼纹与梳纹时常搭配出现，或鱼纹与钱币纹搭配出现。鱼有“多子多福”“有余”之意。

0154

纹　　饰：钱币纹、鱼纹、方胜纹、梳纹
时　　代：西晋
出土地点：湖州市 07HDL
尺　　寸：长 28 厘米，宽 14 厘米，厚 6 厘米

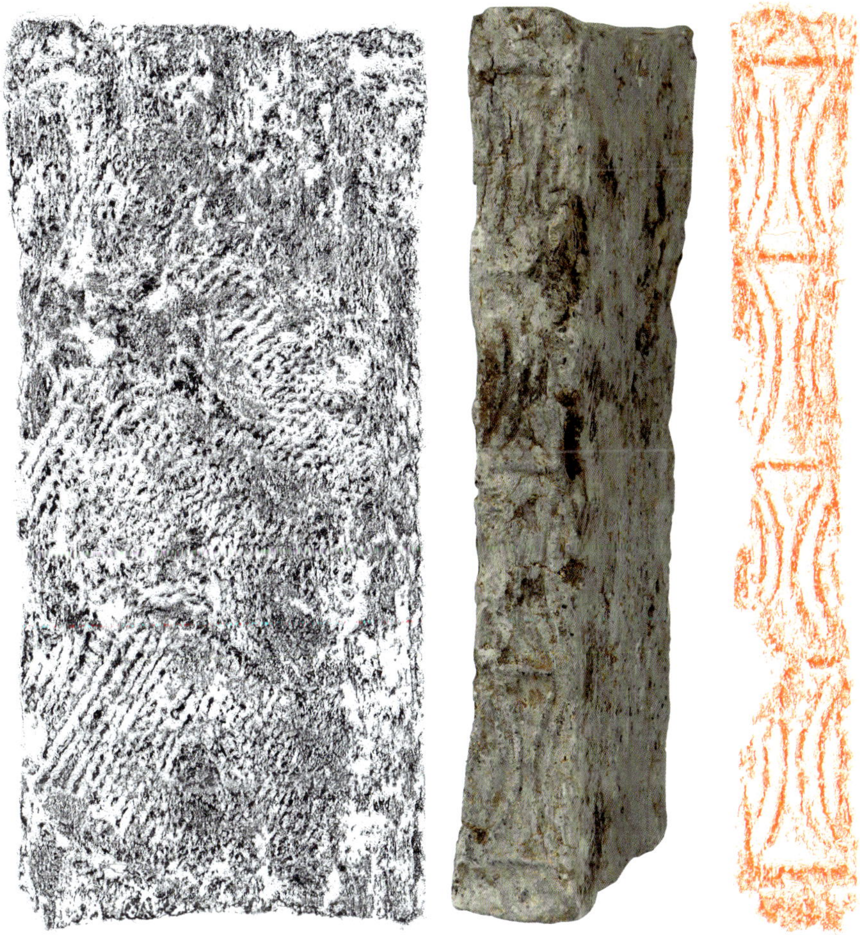

纹　　饰：对称四弧线纹
时　　代：西晋
出土地点：吴兴区
尺　　寸：长 33 厘米，宽 15 厘米，厚 4 厘米

0156

纹　　饰：神兽、柿蒂纹、钱纹 / 钱纹、网络纹
时　　代：汉晋时期
出土地点：吴兴区
尺　　寸：长 31 厘米，宽 15 厘米，厚 3.5—4.5 厘米
简　　介：柿蒂纹有对称、吉祥、牢固之意；神兽协助登仙；钱纹、菱形纹象征网住金钱，财源广进。

纹　　饰：四龙纹 / 龙虎纹 / 坐佛
时　　代：汉晋时期
出土地点：吴兴区
尺　　寸：长 36.5 厘米，宽 19 厘米，厚 6.5 厘米
简　　介：本砖四面工，残损一面有“高氏制”三字，同出数品，皆为高浮雕画像，为湖州所出较为精美的画像砖。端面佛像，端坐高台，头后有佛光，也是较为早期的佛造像图案。砖型阔大，画像古拙，似为汉砖。史载南方佛教始于东吴赤乌年间，本砖可实证佛教传播历史。

0158

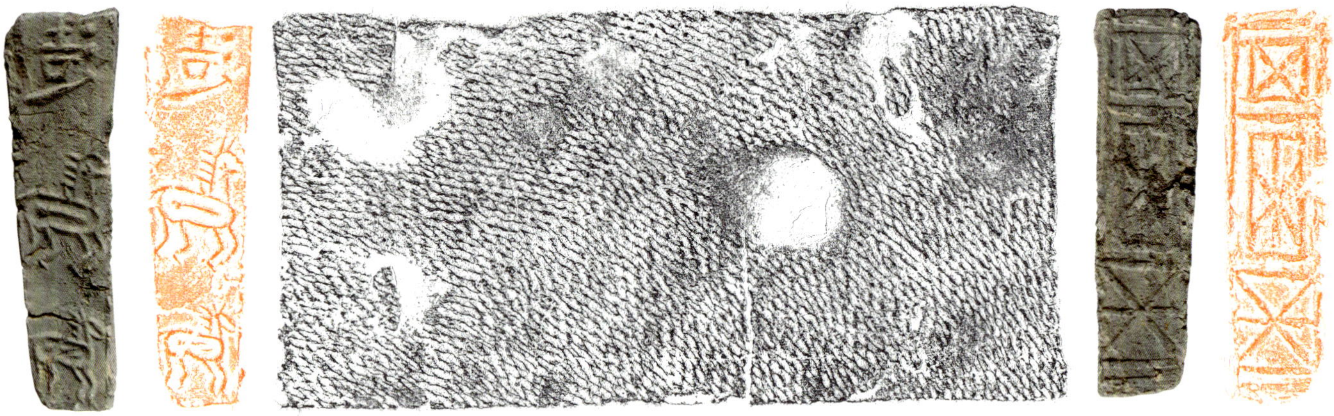

纹　　饰：造、天马纹 / 几何纹
时　　代：汉晋时期
出土地点：湖州市
尺　　寸：长 32 厘米，宽 16 厘米，厚 3.4—4.8 厘米
简　　介：相传天马可协助墓主前往天界，寓意得道成仙。另端刻几何图纹。两侧厚薄有别，为券顶砖。

0159

纹　　饰：鬼脸纹 / 乳丁几何纹 / 乳丁菱形纹

时　　代：汉晋时期

出土地点：湖州市埭溪莫家栅 M1

尺　　寸：长 18.5 厘米，宽 10.5—12 厘米，厚 5.5 厘米

简　　介：此三块原样粘结一组，呈小梯形。画像简约，鬼脸纹有镇墓之用。

0160

纹　　饰： 鬼脸纹 / 大面轮纹
时　　代： 汉晋时期
出土地点： 湖州市
尺　　寸： 残长 34 厘米，宽 11.5—17 厘米，厚 4 厘米
简　　介： 鬼脸双目圆睁、鼻头高耸，作龇牙咧嘴状，面须分明。梯形砖。

0161

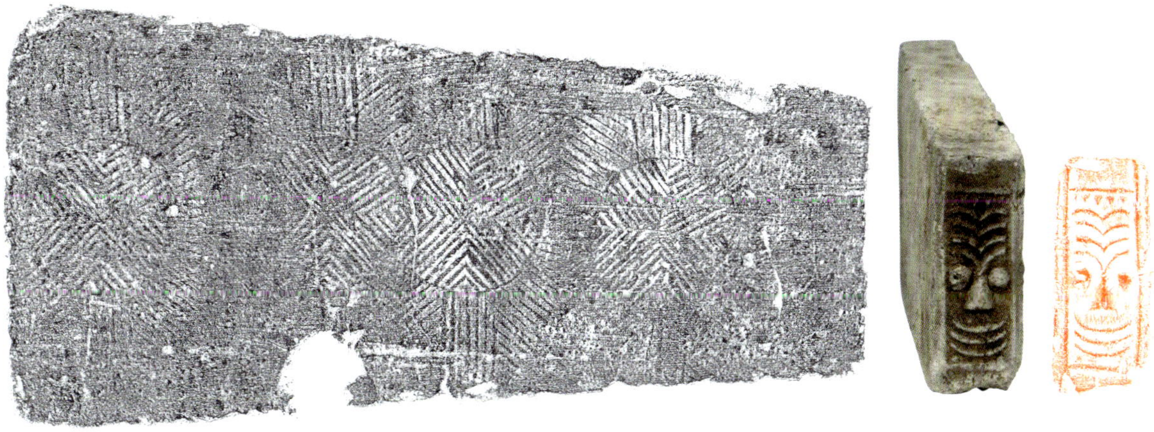

纹　　饰：鬼脸纹 / 大面蕉叶纹、圆纹

时　　代：汉晋时期

出土地点：吴兴区

尺　　寸：长 37 厘米，宽 12—18 厘米，厚 5 厘米

简　　介：鬼脸形象简略，无獠牙、胡须。

0162

纹　　饰：三菱形纹、男像（子母砖）
时　　代：汉晋时期
出土地点：吴兴区鹿山
尺　　寸：长 37 厘米，宽 16.5 厘米，厚 5 厘米
简　　介：同出尚见一仕女砖，与此造型相似。本砖男像着冠、插笈，为成年有一定身份地位的男子，或为墓主人。菱形一说为地之骨，有地府之意。

纹　　饰：窗棂纹、钱币方胜纹 / 大面绳纹
时　　代：汉晋时期
出土地点：吴兴区上濠里 M1
尺　　寸：长 36 厘米，宽 17.5 厘米，厚 6 厘米
简　　介：方胜纹下端空缺。

0164

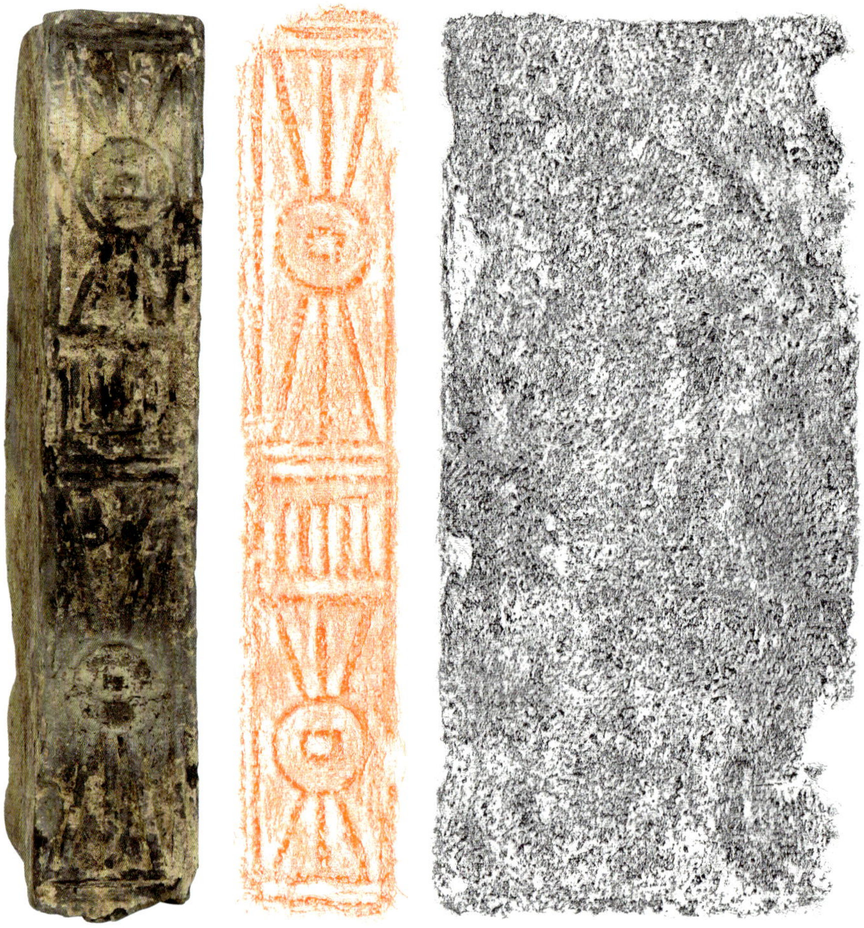

纹　　饰：双钱币方胜纹、窗棂纹 / 大面绳纹
时　　代：汉晋时期
出土地点：吴兴区上濠里 M1
尺　　寸：长 36 厘米，宽 17 厘米，厚 6 厘米
简　　介：与上款（0163 号）同出。窗棂纹间隔两钱币方胜纹。

纹　　饰：单钱币麦穗纹
时　　代：汉晋时期
出土地点：吴兴区上濠里 M1（？）
尺　　寸：长 36.5 厘米，宽 17.5 厘米，厚 5 厘米

0166

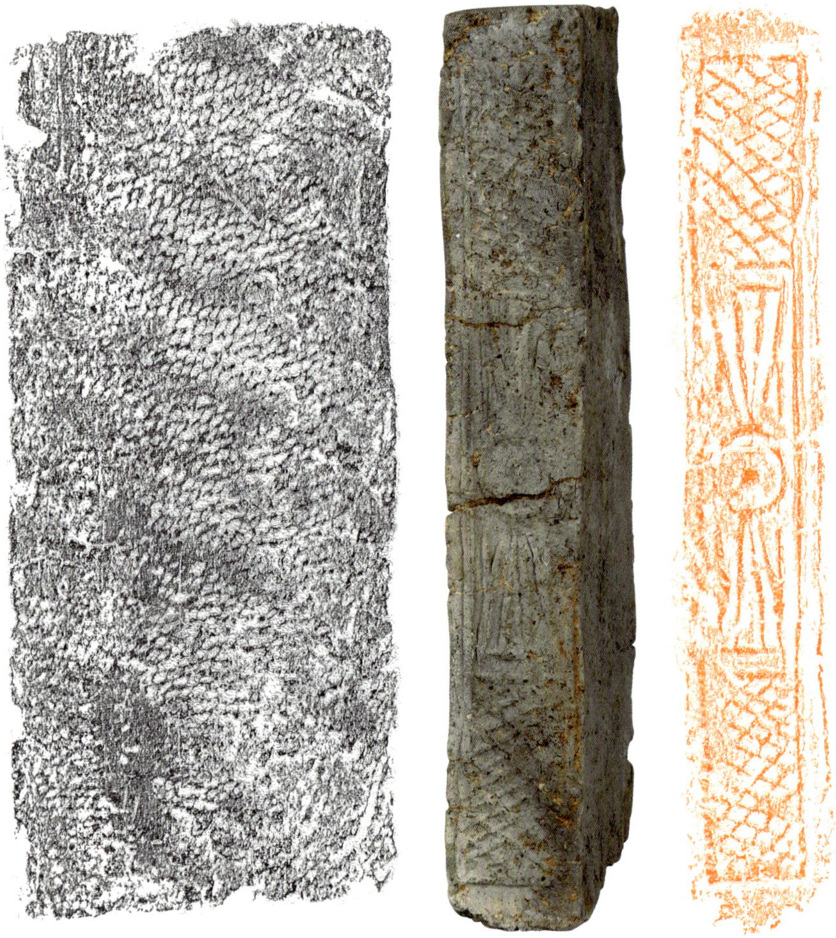

纹　　饰：单钱币方胜纹、双网格纹
时　　代：汉晋时期
出土地点：吴兴区
尺　　寸：长 33 厘米，宽 15 厘米，厚 5 厘米
简　　介：钱币纹，另外，双网格纹或象征地府。本砖是墓主人道教信仰的主要体现。

0167

纹　　饰：× 纹、网格纹 / 单钱币纹、双四叶纹
时　　代：汉晋时期
出土地点：吴兴区
尺　　寸：长 39 厘米，宽 15 厘米，厚 6 厘米

0168

纹　　饰：双钱币方胜纹
时　　代：汉晋时期
出土地点：吴兴区 2018LSM1
尺　　寸：长 35 厘米，宽 16 厘米，厚 5.5 厘米

0169

纹　　饰：双钱币方胜纹

时　　代：汉晋时期

出土地点：吴兴区 2018LSM1

尺　　寸：长 30 厘米，宽 14 厘米，厚 4—5 厘米

简　　介：与上款（0168 号）同出，形制相同，唯规格尺寸明显减小。

0170

纹　　饰： 双钱币菱形纹
时　　代： 汉晋时期
出土地点： 吴兴区上濠里 M1（？）
尺　　寸： 长 36 厘米，宽 17 厘米，厚 5.5 厘米
简　　介： 纹饰对称布局，漫漶严重。

0171

纹　　饰：单钱币线形纹 / 单钱币线形纹

时　　代：汉晋时期

出土地点：吴兴区

尺　　寸：长 31.5 厘米，宽 16 厘米，厚 4.5 厘米

0172

纹　　饰：对称乳丁菱形纹 / 双大泉五十钱币纹
时　　代：汉晋时期
出土地点：湖州市
尺　　寸：长 34 厘米，宽 15 厘米，厚 5 厘米
简　　介：本砖胎色青灰，砖质坚硬。略变形。钱币纹对称轴深峻清晰。

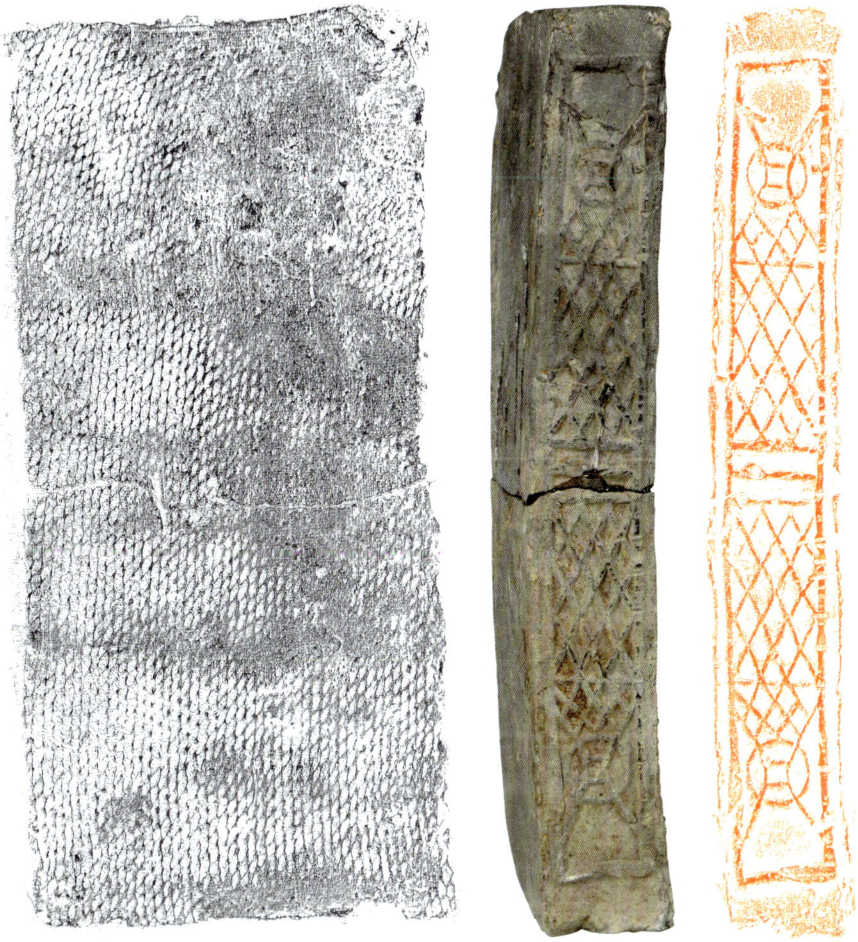

纹　　饰：双钱币网格纹
时　　代：汉晋时期
出土地点：湖州市
尺　　寸：长 33 厘米，宽 16 厘米，厚 5 厘米

0174

纹　　饰：双钱币纹、四叶纹、网格纹
时　　代：汉晋时期
出土地点：湖州市
尺　　寸：长 31.5 厘米，宽 16 厘米，厚 3.5—4.5 厘米
简　　介：本砖胎色灰黑，砖质疏松。纹饰漫漶严重。

纹　　饰：双钱币方胜纹 / 单钱币方胜纹
时　　代：汉晋时期
出土地点：湖州市
尺　　寸：长 31.5 厘米，宽 15 厘米，厚 4.5 厘米

0176

纹　　饰：双钱币纹、对称弧形 / 双钱币纹

时　　代：汉晋时期

出土地点：湖州市

尺　　寸：长 37 厘米，宽 18 厘米，厚 7 厘米

简　　介：端面横线有竖向短线，似鬼脸简化。

0177

纹　　饰：六钱币纹、双四叶纹 / 双钱币纹
时　　代：汉晋时期
出土地点：吴兴区
尺　　寸：长 30.5 厘米，宽 16 厘米，厚 5 厘米

0178

纹　　饰：网格纹、麦穗纹、梳纹

时　　代：汉晋时期

出土地点：吴兴区上濠里 M37

尺　　寸：长 33.5 厘米，宽 16.5 厘米，厚 4.8 厘米

0179

纹　　饰：麦穗纹、线条纹 / 鱼纹、线条纹
时　　代：汉晋时期
出土地点：湖州市
尺　　寸：长 29 厘米，宽 14.5 厘米，厚 3—4.5 厘米

0180

纹　　饰：双鱼纹、线形纹 / 线形纹

时　　代：汉晋时期

出土地点：吴兴区

尺　　寸：长 33.5 厘米，宽 15.5 厘米，厚 5 厘米

简　　介：双鱼纹同向。

纹　　饰：四菱形纹
时　　代：汉晋时期
出土地点：吴兴区上濠里 M12
尺　　寸：长 36 厘米，宽 16 厘米，厚 5.5 厘米

0182

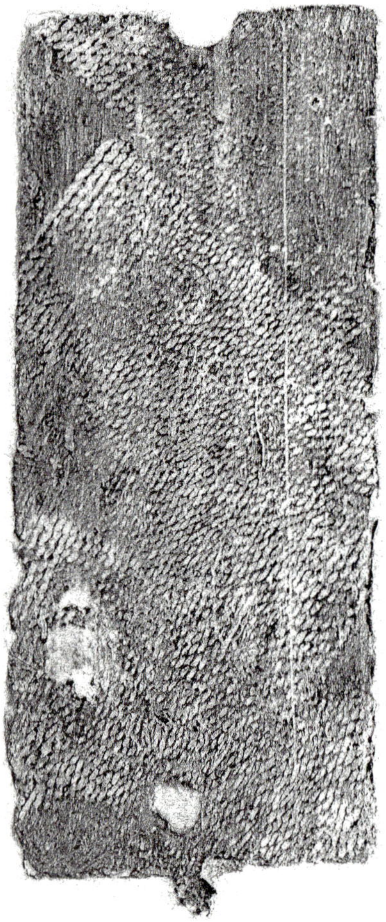  

纹　　饰：四菱形纹
时　　代：汉晋时期
出土地点：吴兴区上濠里 M59
尺　　寸：长 37 厘米，宽 16 厘米，厚 5.5 厘米

纹　　饰：双菱形纹、菱形 × 纹
时　　代：汉晋时期
出土地点：吴兴区上濠里 M15
尺　　寸：长 39 厘米，宽 16 厘米，厚 4.5—5 厘米

0184

纹　　饰：双菱形、线形对称纹 / 双方框、线形对称纹

时　　代：汉晋时期

出土地点：湖州市

尺　　寸：长 30.5 厘米，宽 14.5 厘米，厚 4.5 厘米

纹　　饰：四菱形纹、对称椭圆纹（子母砖）
时　　代：汉晋时期
出土地点：吴兴区上濠里 M15
尺　　寸：长 36 厘米，宽 16 厘米，厚 5.5 厘米

0186

纹　　饰：双菱形 × 纹、篆书“五”字纹（子母砖）

时　　代：汉晋时期

出土地点：吴兴区上濠里 M15（M16、17 重出）

尺　　寸：长 35 厘米，宽 16.5 厘米，厚 5.2 厘米

0187

纹　　饰：网格纹、× 纹
时　　代：汉晋时期
出土地点：吴兴区上濠里 M36
尺　　寸：长 33 厘米，宽 13.5 厘米，厚 5 厘米

0188

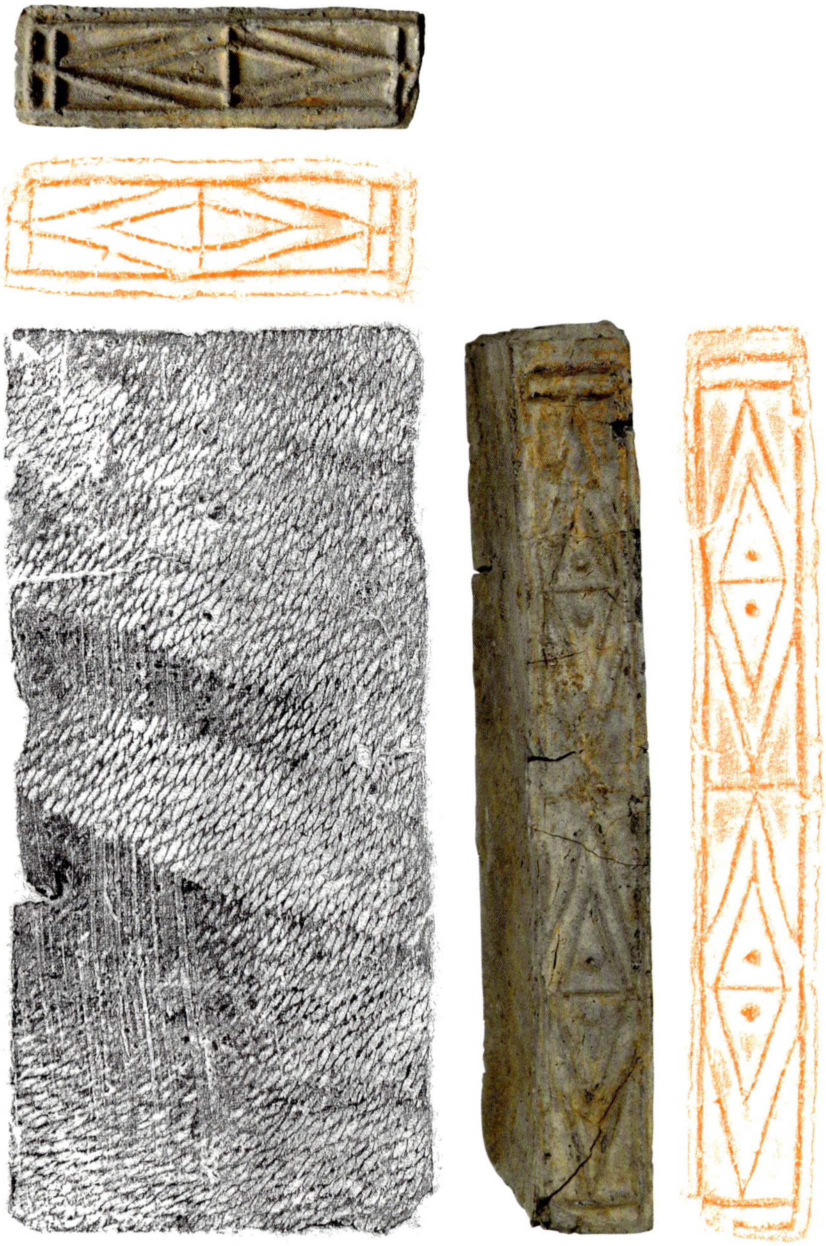

纹　　饰：双乳丁菱形纹 / 菱形纹

时　　代：汉晋时期

出土地点：吴兴区

尺　　寸：长 31 厘米，宽 15 厘米，厚 4 厘米

简　　介：双乳丁纹饰清晰凸出。

纹　　饰：四菱形内 × 纹（子母砖）
时　　代：汉晋时期
出土地点：吴兴区上濠里 M16（M17）
尺　　寸：长 36 厘米，宽 16.5 厘米，厚 5 厘米

0190

纹　　饰：四菱形纹、内三 × 纹（子母砖）
时　　代：汉晋时期
出土地点：吴兴区上濠里
尺　　寸：长 39 厘米，宽 17 厘米，厚 5.5 厘米

纹　　饰：四菱形纹、内四 × 纹（子母砖）
时　　代：汉晋时期
出土地点：吴兴区上濠里 M15
尺　　寸：长 35 厘米，宽 15.5 厘米，厚 5.5 厘米

0192

纹　　饰：四菱形纹（子母砖）
时　　代：汉晋时期
出土地点：吴兴区上濠里 M12
尺　　寸：长 38 厘米，宽 16 厘米，厚 4.5 厘米

纹　　饰：四菱形纹、内单 × 纹（子母砖）
时　　代：汉晋时期
出土地点：吴兴区
尺　　寸：长 38 厘米，宽 17 厘米，厚 6 厘米

0194

纹　　饰：四菱形 × 纹（子母砖）
时　　代：汉晋时期
出土地点：吴兴区上濠里 M16（M17）
尺　　寸：长 34 厘米，宽 16 厘米，厚 4.5 厘米

0195

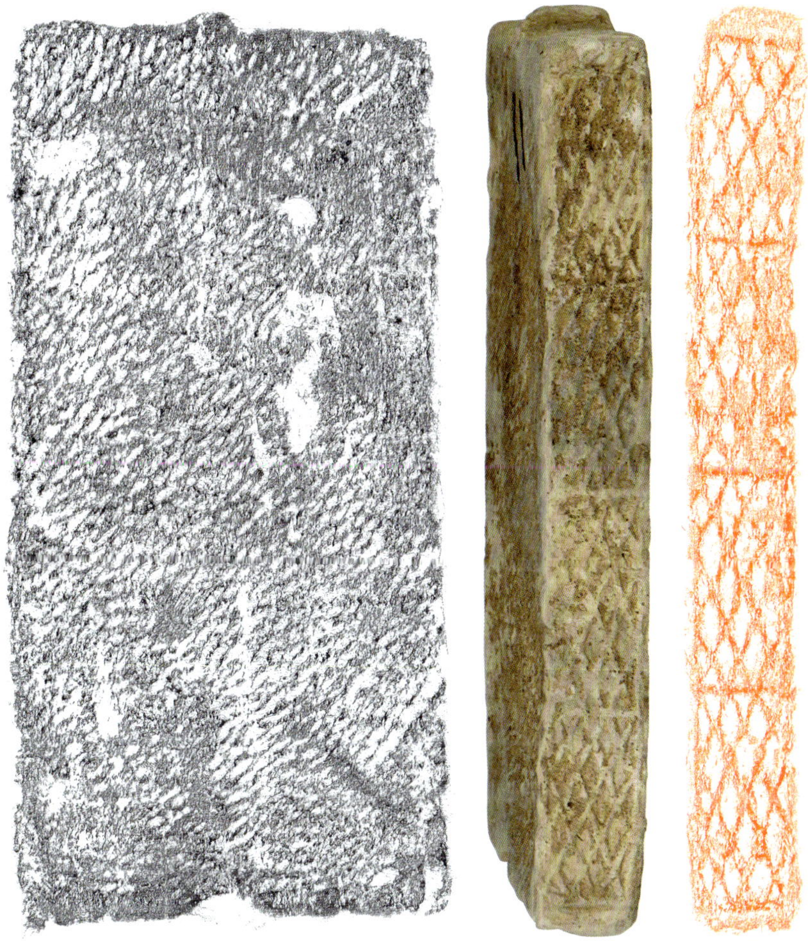

纹　　饰：四网格纹
时　　代：汉晋时期
出土地点：吴兴区上濠里 M11
尺　　寸：长 35 厘米，宽 17 厘米，厚 4.5 厘米

0196

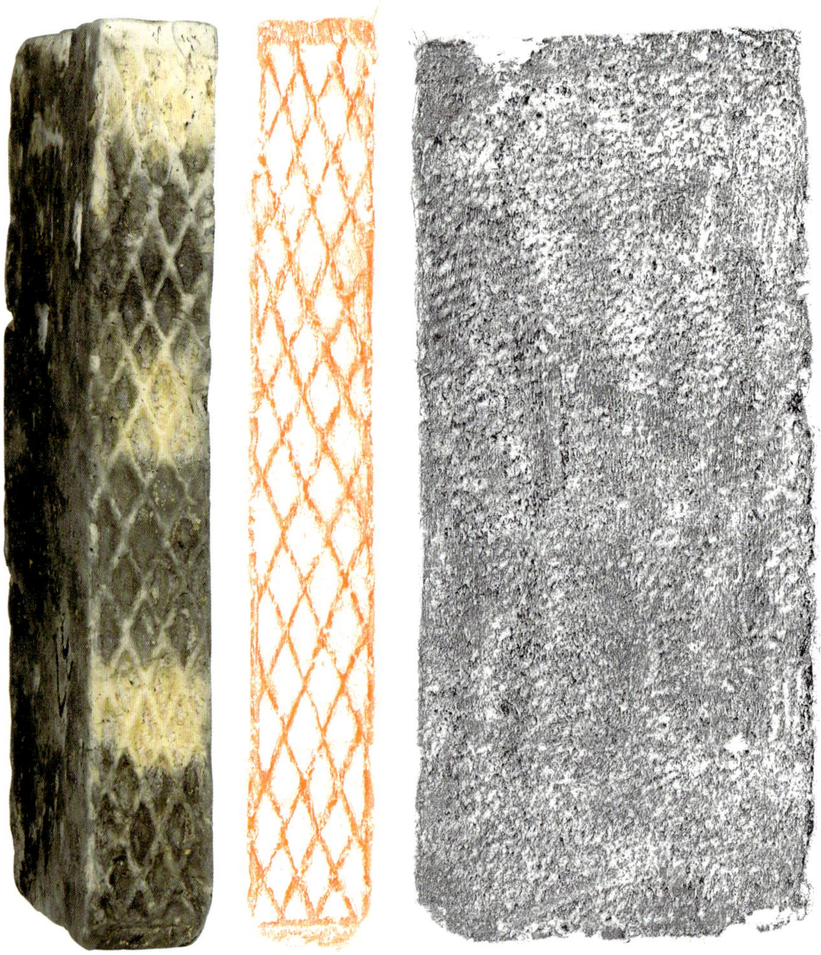

纹　　饰：网格纹
时　　代：汉晋时期
出土地点：吴兴区上濠里 M37
尺　　寸：长 37 厘米，宽 17 厘米，厚 5 厘米

纹　　饰：对称双麦穗纹
时　　代：汉晋时期
出土地点：吴兴区上濠里 M1
尺　　寸：长 35.5 厘米，宽 17 厘米，厚 5 厘米

0198

纹　　饰：对称指向纹 / 篆书“五”字纹、窗棂纹
时　　代：汉晋时期
出土地点：吴兴区上濠里 M56
尺　　寸：长 33 厘米，宽 16 厘米，厚 3—4 厘米

纹　　饰：线形纹 / 线形纹、× 纹
时　　代：汉晋时期
出土地点：吴兴区
尺　　寸：长 35 厘米，宽 17 厘米，厚 5 厘米
简　　介：侧面纹饰大致对称，端面纹饰不对称。

0200

纹　　饰：双圆环乳丁纹、线形纹
时　　代：汉晋时期
出土地点：吴兴区
尺　　寸：长 32 厘米，宽 14 厘米，厚 3—4 厘米

0201

纹　　饰：双组对称 × 纹、线形纹
时　　代：汉晋时期
出土地点：吴兴区
尺　　寸：长 34 厘米，宽 16 厘米，厚 3.5—4.5 厘米

0202

纹　　饰：线形乳丁纹（子母砖）
时　　代：汉晋时期
出土地点：吴兴区
尺　　寸：长 39 厘米，宽 17 厘米，厚 4—5 厘米

0203

纹　　饰：双 × 纹、双网格纹
时　　代：汉晋时期
出土地点：吴兴区上濠里 M36
尺　　寸：长 31 厘米，宽 15 厘米，厚 4.5 厘米

0204

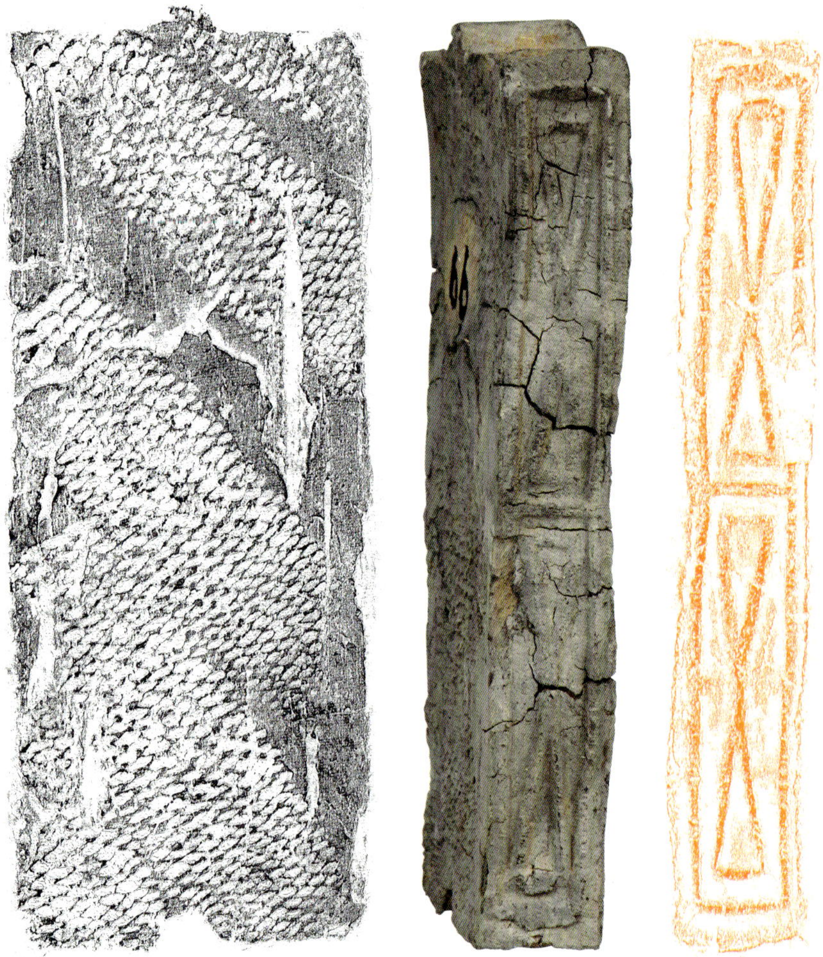

纹　　饰：对称双篆书“五”字纹（子母砖）

时　　代：汉晋时期

出土地点：吴兴区上濠里 M66

尺　　寸：长 33 厘米，宽 13 厘米，厚 5 厘米

0205

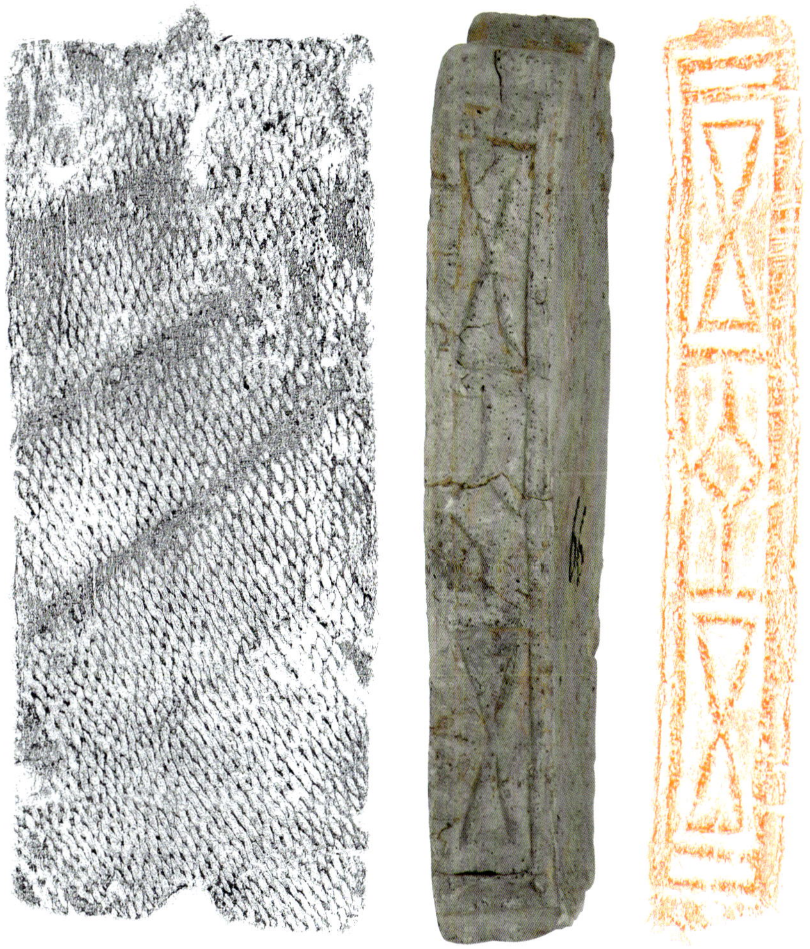

纹　　饰：对称双篆书“五”字纹、菱形纹（子母砖）
时　　代：汉晋时期
出土地点：吴兴区上濠里 M66
尺　　寸：长 33 厘米，宽 14 厘米，厚 5 厘米

0206

纹　　饰： 三 × 纹
时　　代： 汉晋时期
出土地点： 吴兴区上濠里 M11
尺　　寸： 长 32 厘米，宽 15 厘米，厚 4 厘米

纹　　饰：三 × 纹（子母砖）

时　　代：汉晋时期

出土地点：吴兴区

尺　　寸：长 34 厘米，宽 14 厘米，厚 4.5 厘米

0208

纹　　饰：五 × 纹（子母砖）
时　　代：汉晋时期
出土地点：吴兴区上濠里 M37
尺　　寸：长 35 厘米，宽 16 厘米，厚 5 厘米

纹　　饰：网格纹、窗棂纹、六 × 纹
时　　代：汉晋时期
出土地点：吴兴区上濠里 M11
尺　　寸：长 34.5 厘米，宽 15.5 厘米，厚 5 厘米

0210

纹　　饰：斜线窗棂纹、方胜纹、横线窗棂纹、对称三角纹（子母砖）
时　　代：汉晋时期
出土地点：吴兴区上濠里 M66
尺　　寸：长 35 厘米，宽 13.5 厘米，厚 5.5 厘米

纹　　饰：线形纹 / 篆书“五”字纹、线形纹 / 波浪纹 / 卷草纹
时　　代：汉晋时期
出土地点：湖州市上濠里 M16、M17
尺　　寸：长 33 厘米，宽 14 厘米，厚 5 厘米
简　　介：本砖纹样复杂，四面工。胎色青灰，胎质坚硬。

0212

纹　　饰：线形纹 / × 纹、窗棂纹 / 方胜纹 / 方胜纹
时　　代：汉晋时期
出土地点：湖州市上濠里 M26
尺　　寸：长 30 厘米，宽 13 厘米，厚 4 厘米
简　　介：是砖纹样复杂，四面工。胎色青灰，胎质坚硬。

0213

纹　　饰：大面蕉叶纹
时　　代：汉晋时期
出土地点：吴兴区
尺　　寸：长 39 厘米，宽 20 厘米，厚 4 厘米
简　　介：弧形井砖，子母砖。

第三部分

零砖碎史标本统计表

零砖碎史标本统计表

编号	时代	出土地点 / 来源	尺寸（厘米）	砖文	纹饰	公元纪年
0001	汉代	吴兴区	37×18×5.2	元凤元年二月癸卯朔日造 / 吉羊宜子孙		前 80 年？
0002	东汉	和孚镇	19×13×6	永元十五年（八月十日壬申）		103 年
0003	东汉	和孚镇	22×17×4		虫书钱币纹	
0004	东汉	吴兴区	35.5×15.5×5.5	长寿贵 / 安乐		
0005	东汉	吴兴区白龙山	36.5×19×5.5	长寿贵 / 载积		
0006	东汉	吴兴区白龙山	37×18×5.5	藏幽窥易能真 / 斩□		
0007	东汉	吴兴区八里店乌山	35.8×17.8×5	长寿富贵 / 常乐		
0008	东汉	吴兴区八里店乌山	37×18×5	长寿万岁 / 常乐		
0009	东汉	吴兴区八里店乌山	36×18×5	万岁不败 / 万岁		
0010	东汉	吴兴区八里店乌山	36×18×4—5	万岁不败 / 万岁		
0011	东汉	吴兴区	37×16×6	万岁□不败	朱雀纹 / 大面蕉叶纹、几何纹	
0012	东汉	吴兴区窑墩头	39×19×6.5	吉祥□万岁不毁 / 万岁		
0013	东汉	吴兴区窑墩头	39×19×6.5	吉神万岁不毁 / 万岁		
0014	东汉	吴兴区上濠里 M88	35×16.5×5.5	万岁不败	饕餮纹	
0015	东汉	吴兴区上濠里 M88	35×16.5×5.6		大饕餮纹，弧、线形纹饰 / 葫芦、钱币纹 / 大面麻布纹	
0016	东汉	吴兴区上濠里 M88	35×17×5.5		大饕餮纹，弧、线形纹饰 / 葫芦、钱币纹 / 大面麻布纹	
0017	东汉	吴兴区上濠里 M69	36×17×5.2	万刘己贵己富 / 田五	钱币纹	
0018	东汉	吴兴区乔木山	36×16×4—5.5	万岁不败 / 永秘传		
0019	东汉	吴兴区	30—37×27×7.5	万岁不败（扇形）		
0020	东汉	吴兴区上濠里 M69	34×17×6	万岁□□ / □□		
0021	东汉	吴兴区杨家埠 D90M1	39×19.5×6.5	万岁不败 / 万岁	大面蕉叶纹、轮纹	
0022	东汉	吴兴区杨家埠 D84M1	39×11.5—19×5.5	万岁不败 / 万	大面蕉叶纹、轮纹	
0023	东汉	吴兴区杨家埠 D84M1	16.5×12×5.5	万岁（不败）	大面蕉叶纹、轮纹，附加锯齿纹 / 端面饕餮纹，其下有竖线及八小方格纹	
0024	东汉	吴兴区	37×18×6	万岁不败 / 万岁	大面蕉叶纹、轮纹、钱币纹	
0025	东汉	吴兴区	36.5×18.5×6	万岁不败 / 万岁	大面轮纹，内“富吉五铢”，朱雀纹，“里”字	
0026	东汉	吴兴区	36×17×6.5	万岁	弧形、菱形纹 / 大面麻布纹	
0027	东汉	吴兴区	36.5×18×6	万岁不败 / 万岁	大面线形十字蕉叶纹	
0028	东汉	吴兴区	38×19×6.5	万岁不败 / 万岁	大面线形菱形纹、五铢钱币纹	
0029	东汉	吴兴区	37×18.2×5.5	万岁不败 / 万岁		
0030	东汉	吴兴区	34×16.5×4.5	万岁不败 / 万岁	大面蕉叶纹、太阳纹，内有轮纹、对称云纹	
0031	东汉	吴兴区道场乡	35×17.5×4.5	万岁不正 / 万岁	大面水波纹、太阳纹	
0032	东汉	吴兴区	37×19.5×6.5	万岁不败 / 万岁	大面蕉叶纹、双太阳纹、轮纹	

编号	时代	出土地点 / 来源	尺寸（厘米）	砖文	纹饰	公元纪年
0033	东汉	吴兴区	34.5×17×4	万岁不败 / 万岁	大面蕉叶纹、轮纹	
0034	东汉	吴兴区	34×17×4.5	万岁不败 / 万岁		
0035	东汉	吴兴区塘口	34.5×16.5×4.5	万岁不败 / 万岁	鱼纹 / 格子纹	
0036	东汉	吴兴区塘口	34×16.5×4.5	万不败 / 万岁	大面蕉叶纹、钱币纹 / 格子纹	
0037	东汉	吴兴区	37×18.5×5	万岁不败 / 万岁	大面蕉叶纹，圈纹内有从外面四个方向向中心聚集的箭头形	
0038	东汉	吴兴区	36×17.5×4.5	万岁不败□ / 万岁□	大面蕉叶纹，向内锯齿圆形，最内钱币纹	
0039	东汉	吴兴区	33.5×14.5×5	万岁不败 / 万岁	大面麻布纹	
0040	东汉	吴兴区八里店乌山	36×18.5×5	万万不败 / 万岁		
0041	汉晋时期	吴兴区上濠里 M16（M17）	31×14×4.5	万岁不败 / 万岁	大面麻布纹	
0042	汉晋时期	吴兴区上濠里 M51	32×15×5	万岁不败 / 万岁	× 纹、对称空心圆形	
0043	汉晋时期	吴兴区上濠里 M51	32×15×5	万岁不败 / 万岁	× 纹、对称实心圆形	
0044	汉晋时期	吴兴区上濠里 M72（M7？）	30×14×4	岁不	× 纹、对称实心圆形	
0045	汉晋时期	吴兴区上濠里 M54	36×18×5.5	万岁不败 / 万岁		
0046	汉晋时期	吴兴区上濠里 M54	36.5×17.5×5	万岁不败 / 万岁		
0047	汉晋时期	吴兴区上濠里 M2	33.5×17×4.5	万岁不败 / 万岁	大面蕉叶纹、轮纹，轮纹内有太阳纹、钱币纹	
0048	汉晋时期	吴兴区上濠里 M60？（M69？）	33×15.5×3.5	万岁不败 / 万岁	大面蕉叶纹、轮纹、太阳纹	
0049	汉晋时期	吴兴区上濠里 M66	32×15×4	万岁不败 / 万岁		
0050	汉晋时期	吴兴区上濠里 M66	32×15.5×3—4	万岁不败 / 万岁		
0051	汉晋时期	吴兴区上濠里 M69	36×18×5.5	万岁不败 / 万岁		
0052	汉晋时期	吴兴区上濠里 M2	36×17×5.5	万岁不败 / 万岁	大面蕉叶纹，环形内有双线均分	
0053	汉晋时期	吴兴区上濠里 M54	37×17×5.5	万岁不败 / 万岁		
0054	汉晋时期	吴兴区	33×15×3—4.5	万岁不败 / 万岁		
0055	汉晋时期	吴兴区	35.5×16.5×6	万岁不败 / 万岁 / 田子□□		
0056	汉晋时期	吴兴区	29.2×12.5×4.5	人吉祥万（繁体）岁		
0057	汉晋时期	吴兴区	30.5×14.5×4.7	大吉祥万岁	大面网格纹	
0058	汉晋时期	吴兴区	33×18×3.5		弧形网格纹	
0059	汉晋时期	吴兴区（杨 D78M2）	18×14.5×4	（万岁不）败吴兴邹氏		
0060	汉晋时期	湖州市	33×17×5	钱家壁万岁不败 / 岁丁卯		
0061	汉晋时期	吴兴区	36.5×17×5.5	太岁在丙戌六月作 / 万岁		
0062	汉晋时期	吴兴区八里店西山	32.5×16×5	太平始立		
0063	汉晋时期	吴兴区	36×18.5×4—5	甲子	方胜纹、鱼纹 / 方胜纹、网格纹	
0064	汉晋时期	吴兴区东林镇	31.5×16×4.5	既寿考宜孙子 / 出富贵		

续表

编号	时代	出土地点 / 来源	尺寸（厘米）	砖文	纹饰	公元纪年
0065	汉晋时期	朱兴林先生捐赠	35×13.5—17.5×5	阳遂大吉祥富贵作壁之家	柿蒂纹	
0066	汉晋时期	湖州市	35.5×14×4.5	青州乐安郡萧氏建	钱币方胜纹	
0067	汉晋时期	吴兴区	33×17×5	贝中吴家壁人勿败		
0068	汉晋时期	吴兴区	31×14.5×2.5—4	……申徐庶作 / 万岁	鬼脸纹	
0069	汉晋时期	湖州市	33×16.8×5.5	……建安□		
0070	汉晋时期	吴兴区	34.5×15×3—4.5	吴兴乌程儿作壁	× 纹	
0071	汉晋时期	吴兴区上濠里 M31	28×13×3.5	陈		
0072	汉晋时期	吴兴区	33×15×5	□廿五		
0073	汉晋时期	吴兴区塘口	36.5×17.5×5.5	宜元□□ / 不识文		
0074	汉晋时期	吴兴区上濠里 M12	37×16×4	不识文（子母砖）		
0075	汉晋时期	吴兴区上濠里 M16、M17	31×13.5×4	不识文	简易网格纹（菱形纹）	
0076	东吴	吴兴区乔木山	38×17×5.5	富且昌爵禄臻 / 嗣长殷	弧形花纹	
0077	东吴	吴兴区道场乡	34×16.2×5	宝鼎二年七月卅日临淮裴雁造 / 作壁大吉祥		267 年
0078	东吴	湖州市	31×14.5×4.4	建行二年八月 / 永安三年	线形纹 / 网格纹	270、260 年
0079	东吴	吴兴区	33×16.5×3.3—4.5	永安三年师丁氏造作万岁安		260 年
0080	东吴	吴兴区	34.5×14.5—15.5×4.5	太岁在戊辰书万年不讨 / 永安三年七月十日作	× 纹	260 年
0081	东吴	吴兴区	34×16×5	永安三年七月十日作	× 纹 / 菱形纹	260 年
0082	东吴	吴兴区	30×16×4	永安四年丁师所作万岁（永封）	大面蕉叶纹、钱币纹	261 年
0083	东吴	吴兴区	32×15.5×4	永安四年丁师所作万岁永封	大面蕉叶纹、钱币纹	261 年
0084	东吴	吴兴区	28×17×3.5	（永安三年师丁氏造）作万岁永封	大面蕉叶纹、钱币纹	260 年
0085	东吴	湖州市	34×16×5	建衡三年七月十日作		271 年
0086	东吴	吴兴区八里店西山	35.5×17×5	凤凰元年九月范氏造 / 万岁		272 年
0087	东吴	吴兴区长超山 M1	32×15.5×4.5	天纪元年八月卅日 / 乌程吴 / 万岁		277 年
0088	西晋	吴兴区	29×14×4	太康二年九月八日章士康造	× 纹 / 大面墨书	281 年
0089	西晋	吴兴区窑墩头	29×16.5×4.5	太康二年岁在辛丑 / 施家甓		281 年
0090	西晋	吴兴区	35×15.5×4.5	太康三年□杲所造作		282 年
0091	西晋	吴兴区窑墩头	34.5×16.5×4.5	（太）康七年岁丙午 / 施家甓		286 年
0092	西晋	吴兴区窑墩头	31×14×4	太康八年八月立 / 丘		287 年
0093	西晋	吴兴区上濠里 M35	31.5×14.5×4.5	元康元年八月十五日作	× 纹	291 年
0094	西晋	吴兴区上濠里 M35？	30.5×14×5	元康元年八月造圹 / 壁师吴兴	对称纹	291 年
0095	西晋	吴兴区上濠里 M64（复 M35）	29.5×14.5×3—4		对称花纹	
0096	西晋	吴兴区上濠里 M35	30×15×4—5	元康元年八月造圹 / 壁师吴兴	朱雀纹	291 年

编号	时代	出土地点 / 来源	尺寸（厘米）	砖文	纹饰	公元纪年
0097	西晋	吴兴区上濠里 M35	30.5×14.5×5	元康元年月作 / 青龙白虎		291 年
0098	西晋	吴兴区	38.5×16.5×4—5.5	元康三年六月廿七日陈钟纪作富贵宜孙子 / 广德施家作		293 年
0099	西晋	吴兴区黄芝山 M1	34×15×5	元康五年葛氏立功 / □天上泉 / 万世吉祥（两砖拼合拓片）	对称纹	295 年
0100	西晋	湖州市	30.5×14×4.5	元康五年八月六日作	方胜纹	295 年
0101	西晋	湖州市	40×17×6	晋元康六年太岁丙辰杨州吴兴长城湖陵乡真定里施晞年卅先君之家八月十日制作壁坪 / 施晞先君□家房	钱币纹、方胜纹、线形纹 / 对称弧形	296 年
0102	西晋	吴兴区青山村竹桥头	34×16.5×5	晋元康七年八月丁丑茅山 / 里施博作	× 纹	297 年
0103	西晋	吴兴区黄芝山	35×18×5	元康七年太岁（丁巳）/ 桓□之冢		297 年
0104	西晋	吴兴区	22.5×14.5×4.5	元康七年八月	× 纹	297 年
0105	西晋	吴兴区	32×15.5×5	元康八年七月廿二日大□		298 年
0106	西晋	吴兴区	31.5×15.5×5	元康九年七月十日 / 不识文		299 年
0107	西晋	湖州市	36×18×6.5	永康元年七月卅日陈布	对称花纹	300 年
0108	西晋	吴兴区上濠里 M52	30×14×5	永康元年八月十一日张 / 俞菰下人		300 年
0109	西晋	吴兴区杨家埠	34×15×6.5	永宁元年七月十日作 / 太岁在辛酉		301 年
0110	西晋	吴兴区杨家埠	32×15×5	晋太安二年岁在癸亥施家富 / 贵寿万祀		303 年
0111	西晋	湖州市	39×17.5×5	永兴三年润月廿日作 / 岁在壬寅		306 年
0112	西晋	吴兴区窑墩头	32×15×4	永嘉二年八月九日就作壁 / 吴□□□人 / 女之□	花纹	308 年
0113	西晋	吴兴区窑墩头	32×15×4	念有悲劳如何 / 太守章	对称纹 / 鱼纹、线形纹	
0114	西晋	吴兴区窑墩头	32×15×5	太守章	对称纹 / 鱼纹、线形纹	
0115	西晋	吴兴区窑墩头	33×15×4.5	八月造 / □□作	对称纹	
0116	西晋	吴兴区宋家墩	34×15×5	吴兴乌程俞道兄弟 / 永嘉元年八月十日立功 / 俞道初 / 治作之		307 年
0117	西晋	吴兴区	31.5×15×5	岁在乙亥八月乙未朔六日 / 建兴三年太		315 年
0118	西晋	吴兴区	34.2×16.2×6	建兴三年太岁在乙亥孙氏造 / 传世富贵 / 万岁不败		315 年
0119	西晋	吴兴区白龙山	33×15.5×5.5	司马□□ / 万岁		
0120	西晋	吴兴区	30.5×14×5	寿万年长子孙费		
0121	西晋	吴兴区	28×14×3.5—4.5	王儿	简易菱形纹 / 线形纹、方胜纹	
0122	西晋	吴兴区	29.5×14×3—4.5		麦穗纹 / 线形纹、方胜纹	
0123	西晋	吴兴区	22×16×7	大		
0124	东晋	吴兴区	31×14.5×5	大兴四年八月平旦 / 谭家人	方胜纹	321 年

续表

编号	时代	出土地点 / 来源	尺寸（厘米）	砖文	纹饰	公元纪年
0125	东晋	吴兴区上濠里 M16/17	30.5×14×3	暂释读为“太兴六包俞”	简易菱形纹	
0126	东晋	吴兴区八里店西山	37×9—18×5.5	咸和六年岁在丙卯王氏		331 年
0127	东晋	吴兴区	31×15×4.5	咸和八年八月廿日诸作 / 郭立功	花纹	333 年
0128	东晋	吴兴区	31×15×4	永和四年清（公）所作	× 纹、窗棂纹	348 年
0129	东晋	吴兴区杨家埠五子墩	30×11—18×4.5	晋升平五年岁在辛酉六月丙寅朔廿五日庚寅卒		361 年
0130	东晋	吴兴区杨家埠五子墩	34×14—20.5×5	晋故尚书郎丘混之墓		
0131	东晋	吴兴区杨家埠五子墩	28×15.5×4.5	晋故尚书郎丘混之墓		
0132	东晋	吴兴区	31.5×13.5×4.5	兴宁二年癸亥之岁 / 万年	× 纹	364 年
0133	东晋	朱兴林先生捐赠	31×15×5	晋泰和元年丙寅岁何氏作	三钱币纹 / 钱币纹、对称纹	366 年
0134	东晋	吴兴区云巢乡	31×14.5×5	晋义熙二年八月八日马司徒作 / 其年大司马□□□印		406 年
0135	南朝宋	湖州市	29.5×15×5	元嘉十三年作		436 年
0136	南朝齐	吴兴区杨家埠窑墩头	32×16×5	齐永明二年甲子岁		484 年
0137	南朝齐	吴兴区杨家埠窑墩头	31×15×5	丘府君墓		
0138	唐宋时期	吴兴区	24×12×3	四百卌口		
0139	唐宋时期	吴兴区飞英塔	37×17×6.5	比丘尼道如舍		
0140	唐宋时期	吴兴区飞英塔	22×19×5		人物像	
0141	唐宋时期	吴兴区	37×17×6.5	孙		
0142	宋代	吴兴区	23×15×7	丘		
0143	宋代	湖州子城城砖	38.5×19×6.2	左武		
0144	明代	吴兴区	31×30.5—31.5×4.5	故宛平县丞胡公墓志铭		1444 年
0145 正	明代	吴兴区	31×31×4.5	故胡公墓志铭（正面）		1444 年
0145 背	明代	吴兴区	31×31×4.5	（故胡公墓志铭）（背面）		1444 年
0146	清代	吴兴区	71×71×9.5	光绪十三年成造细料二尺二寸见方金砖。督造官江南苏州府知府□□。监造官江南苏州府照磨杨锡麈。/ 祥 / 造		1887 年
0147	清代	吴兴区	71×71×9.5	宣统元年……金砖……		1909 年
0148	清代	吴兴区	72×72×9	宣统元年（成）造细料二尺二寸见方金砖。督造官江南苏州府知府何刚德。监造官江南苏州府知事戴尔恒照磨姚定信。大三甲李柏生造		1909 年
0149	东汉	湖州市	34×32×5.5		神人兽面纹画像	
0150	东汉	吴兴区	42×20.8×5.3		天马、朱雀、钱币、鱼、玉兔捣药纹	
0151	东汉	湖州市	36×17×5		窗棂纹、三角纹、方胜纹、钱币纹 / 人形纹、方胜纹	

编号	时代	出土地点 / 来源	尺寸（厘米）	砖文	纹饰	公元纪年
0152	东汉	湖州市	43.5×22×6.5		三角纹、对称线形纹 / 对称 × 纹、钱币纹	
0153	汉晋时期	湖州市	31×14×4—5		梳纹、麦穗纹、窗棂纹、方胜纹 / 鱼纹	
0154	西晋	湖州市 07HDL	28×14×6		钱币纹、鱼纹、方胜纹、梳纹	
0155	西晋	吴兴区	33×15×4		对称四弧线纹	
0156	汉晋时期	吴兴区	31×15×3.5—4.5		神兽、柿蒂纹、钱纹 / 钱纹、网络纹	
0157	汉晋时期	吴兴区	36.5×19×6.5		四龙纹 / 龙虎纹 / 坐佛	
0158	汉晋时期	湖州市	32×16×3.4—4.8		造、天马纹 / 几何纹	
0159	汉晋时期	湖州市埭溪莫家栅 M1	18.5×10.5—12×5.5		鬼脸纹 / 乳丁几何纹 / 乳丁菱形纹	
0160	汉晋时期	湖州市	34×11.5—17×4		鬼脸纹 / 大面轮纹	
0161	汉晋时期	吴兴区	37×12—18×5		鬼脸纹 / 大面蕉叶纹、圆纹	
0162	汉晋时期	吴兴区鹿山	37×16.5×5		三菱形纹、男像（子母砖）	
0163	汉晋时期	吴兴区上濠里 M1	36×17.5×6		窗棂纹、钱币方胜纹 / 大面绳纹	
0164	汉晋时期	吴兴区上濠里 M1	36×17×6		双钱币方胜纹、窗棂纹 / 大面绳纹	
0165	汉晋时期	吴兴区上濠里 M1（？）	36.5×17.5×5		单钱币麦穗纹	
0166	汉晋时期	吴兴区	33×15×5		单钱币方胜纹、双网格纹	
0167	汉晋时期	吴兴区	39×15×6		× 纹、网格纹 / 单钱币纹、双四叶纹	
0168	汉晋时期	吴兴区 2018LSM1	35×16×5.5		双钱币方胜纹	
0169	汉晋时期	吴兴区 2018LSM1	30×14×4—5		双钱币方胜纹	
0170	汉晋时期	吴兴区上濠里 M1（？）	36×17×5.5		双钱币菱形纹	
0171	汉晋时期	吴兴区	31.5×16×4.5		单钱币线形纹 / 单钱币线形纹	
0172	汉晋时期	湖州市	34×15×5		对称乳丁菱形纹 / 双大泉五十钱币纹	
0173	汉晋时期	湖州市	33×16×5		双钱币网格纹	
0174	汉晋时期	湖州市	31.5×16×3.5—4.5		双钱币纹、四叶纹、网格纹	
0175	汉晋时期	湖州市	31.5×15×4.5		双钱币方胜纹 / 单钱币方胜纹	
0176	汉晋时期	湖州市	37×18×7		双钱币纹、对称弧形 / 双钱币纹	
0177	汉晋时期	吴兴区	30.5×16×5		六钱币纹、双四叶纹 / 双钱币纹	
0178	汉晋时期	吴兴区上濠里 M37	33.5×16.5×4.8		网格纹、麦穗纹、梳纹	
0179	汉晋时期	湖州市	29×14.5×3—4.5		麦穗纹、线条纹 / 鱼纹、线条纹	
0180	汉晋时期	吴兴区	33.5×15.5×5		双鱼纹、线形纹 / 线形纹	
0181	汉晋时期	吴兴区上濠里 M12	36×16×5.5		四菱形纹	
0182	汉晋时期	吴兴区上濠里 M59	37×16×5.5		四菱形纹	
0183	汉晋时期	吴兴区上濠里 M15	39×16×4.5—5		双菱形纹、菱形 × 纹	

编号	时代	出土地点 / 来源	尺寸（厘米）	砖文	纹饰	公元纪年
0184	汉晋时期	湖州市	30.5×14.5×4.5		双菱形、线形对称纹 / 双方框、线形对称纹	
0185	汉晋时期	吴兴区上濠里 M15	36×16×5.5		四菱形纹、对称椭圆纹（子母砖）	
0186	汉晋时期	吴兴区上濠里 M15（M16、17 重出）	35×16.5×5.2		双菱形 × 纹、篆书“五”字纹（子母砖）	
0187	汉晋时期	吴兴区上濠里 M36	33×13.5×5		网格纹、× 纹	
0188	汉晋时期	吴兴区	31×15×4		双乳丁菱形纹 / 菱形纹	
0189	汉晋时期	吴兴区上濠里 M16（M17）	36×16.5×5		四菱形内 × 纹（子母砖）	
0190	汉晋时期	吴兴区上濠里	39×17×5.5		四菱形纹、内三 × 纹（子母砖）	
0191	汉晋时期	吴兴区上濠里 M15	35×15.5×5.5		四菱形纹、内四 × 纹（子母砖）	
0192	汉晋时期	吴兴区上濠里 M12	38×16×4.5		四菱形纹（子母砖）	
0193	汉晋时期	吴兴区	38×17×6		四菱形纹、内单 × 纹（子母砖）	
0194	汉晋时期	吴兴区上濠里 M16（M17）	34×16×4.5		四菱形 × 纹（子母砖）	
0195	汉晋时期	吴兴区上濠里 M11	35×17×4.5		四网格纹	
0196	汉晋时期	吴兴区上濠里 M37	37×17×5		网格纹	
0197	汉晋时期	吴兴区上濠里 M1	35.5×17×5		对称双麦穗纹	
0198	汉晋时期	吴兴区上濠里 M56	33×16×3—4		对称指向纹 / 篆书“五”字纹、窗棂纹	
0199	汉晋时期	吴兴区	35×17×5		线形纹 / 线形纹、× 纹	
0200	汉晋时期	吴兴区	32×14×3—4		双圆环乳丁纹、线形纹	
0201	汉晋时期	吴兴区	34×16×3.5—4.5		双组对称 × 纹、线形纹	
0202	汉晋时期	吴兴区	39×17×4—5		线形乳丁纹（子母砖）	
0203	汉晋时期	吴兴区上濠里 M36	31×15×4.5		双 × 纹、双网格纹	
0204	汉晋时期	吴兴区上濠里 M66	33×13×5		对称双篆书“五”字纹（子母砖）	
0205	汉晋时期	吴兴区上濠里 M66	33×14×5		对称双篆书“五”字纹、菱形纹（子母砖）	
0206	汉晋时期	吴兴区上濠里 M11	32×15×4		三 × 纹	
0207	汉晋时期	吴兴区	34×14×4.5		三 × 纹（子母砖）	
0208	汉晋时期	吴兴区上濠里 M37	35×16×5		五 × 纹（子母砖）	
0209	汉晋时期	吴兴区上濠里 M11	34.5×15.5×5		网格纹、窗棂纹、六 × 纹	
0210	汉晋时期	吴兴区上濠里 M66	35×13.5×5.5		斜线窗棂纹、方胜纹、横线窗棂纹、对称三角纹（子母砖）	
0211	汉晋时期	湖州市上濠里 M16、M17	33×14×5		线形纹 / 篆书“五”字纹、线形纹 / 波浪纹 / 卷草纹	
0212	汉晋时期	湖州市上濠里 M26	30×13×4		线形纹 /× 纹、窗棂纹 / 方胜纹 / 方胜纹	
0213	汉晋时期	吴兴区	39×20×4		大面蕉叶纹	

后记

湖州市专门的文物保护机构有成立于1962年的吴兴县博物馆（1983年改称湖州市博物馆），另外尚有20世纪80年代成立的飞英塔文物保管所、铁佛寺文物保管所。除正式入藏博物馆库房的重要藏品外，其余历年文保维修、田野调查采集、考古发掘清理的文物标本都打包存放于博物馆其余房间内。2004年以来，随着昆山遗址、塔地遗址的大规模发掘，文物标本数量迅速增加，其时，湖州市博物馆也从钱业会馆拟搬迁至吴兴路1号现址，新的博物馆规划馆舍之初便无法存放上述田野所得文物。2002年，飞英塔、铁佛寺文保所并入，成立湖州市文物保护管理所，与湖州市博物馆合署办公。从2006年开始，博物馆租用了康山街道康山村停产的甲鱼养殖棚，作为临时存放场所。钱山漾遗址第三、四次发掘资料的后期整理工作也在此开展。其名称不曾统一，有“考古部标本室”“博物馆库房二期”等。2013年因该村庄拆迁建设，临时库房搬迁至现今菰城村云一小学废弃校址。2014年湖州市文物保护管理所独立办公，该临时库房也由市文保所管理，由文保部、考古部分别使用。由于房舍简陋、空间狭窄，文物标本的保管、研究确有诸多不便。

湖州市文物考古研究所（2024年11月湖州市文物保护管理所更名为湖州市文物考古研究所）藏墓砖大部分来自历年的田野考古发掘清理（另有部分属公安派出所移交涉案墓砖），入藏后未及时进行系统的编号归类等工作，堆放混杂，大部分墓砖已不明具体的出土地点等基本信息。2021年为支持《千甓遗韵——湖州砖拓藏珍暨当代名家题跋集》展陈工作，湖州市博物馆委托湖州籍古砖收藏家叶克勤、胡斐等人对部分墓砖进行了初步拣选研究。2024年初，湖州市文物保护管理所开始对临时库房进行有计划的修葺，其中本图录整理是其重要工作之一。

在整理工作即将完成之际，感谢湖州市文物保护管理所领导班子齐溶青、孙书敏、胡红霞、汪晶给予出版经费支持。感谢同事胡红霞、程厚敏、王江、黄诗卉、戴振宇在标本拣选、表格编排、资料梳理等方面所做的大量细致的基础工作。感谢胡斐先生在拓片、识纹辨字等过程中给予的帮助与指导。尤其感谢浙江省文物考古研究所方向明先生及时中肯的建议，没有他的鼓励，或许就没有本图录的编撰！

由于编者学识有限，书中疏漏难免，敬请读者批评指正！

陈云

2024年10月31日

图书在版编目（CIP）数据

零砖碎史 : 湖州市文物考古研究所藏砖集萃 / 陈云，胡红霞编著. -- 杭州 : 西泠印社出版社，2025. 6.
ISBN 978-7-5508-4859-7

Ⅰ. K876.34

中国国家版本馆CIP数据核字第2025LN6641号

零砖碎史

湖州市文物考古研究所藏砖集萃

陈　云　胡红霞 编著

出 品 人　王凌永
责任编辑　傅笛扬　赵　颖
责任出版　杨飞凤
责任校对　应俏婷
艺术总监　醒　庐
装帧设计　金蝉子
出版发行　西泠印社出版社
（杭州市西湖文化广场32号5楼　邮政编码　310014）
制　　版　杭州艺心造信息技术有限公司
印　　刷　浙江影天印业有限公司
开　　本　787mm×1092mm　1/8
字　　数　155千字
印　　张　31
书　　号　ISBN 978-7-5508-4859-7
版　　次　2025年6月第1版　第1次印刷
定　　价　280.00元

西泠印社出版社发行部联系方式：（0571）87243079